"十二五"职业教育国家规划教材
经全国职业教育教材审定委员会审定

Chengshi Guidao Jiaotong Cheliang ji Caozuo
城市轨道交通车辆及操作
（第2版）

仇海兵　纪　争　主　编
李红军　主　审

内 容 提 要

本书为"十二五"职业教育国家规划教材，经全国职业教育教材审定委员会审定。本书共有12个单元，主要内容包括：城市轨道交通车辆的结构特点、驾驶室设备的使用、客室车门系统组成及操作、车辆连接装置的结构及解挂钩原理、转向架的结构及维护、空气悬架的结构及原理、牵引及电制动系统、采暖和空调系统、通信系统、列车控制和监控系统、列车操作及常见故障、事故处理等内容。

本书可作为高职、中职院校城市轨道交通专业教材，还可作为电动列车司机及其岗位职业培训的教材。

﹡本书配有教学课件，读者可通过加入职教轨道教学研讨群（教师专用QQ群：129327355）索取。

图书在版编目（CIP）数据

城市轨道交通车辆及操作/仇海兵，纪争主编.—2版.
—北京：人民交通出版社股份有限公司，2018.9
"十二五"职业教育国家规划教材
ISBN 978-7-114-14924-5

Ⅰ.①城… Ⅱ.①仇…②纪… Ⅲ.①城市铁路—铁路车辆—职业教育—教材 Ⅳ.①U239.5

中国版本图书馆CIP数据核字(2018)第172598号

"十二五"职业教育国家规划教材
书　　名：城市轨道交通车辆及操作（第2版）
著 作 者：仇海兵　纪　争
责任编辑：袁　方
责任校对：刘　芹
责任印制：张　凯
出版发行：人民交通出版社股份有限公司
地　　址：(100011)北京市朝阳区安定门外外馆斜街3号
网　　址：http://www.ccpcl.com.cn
销售电话：(010)59757973
总 经 销：人民交通出版社股份有限公司发行部
经　　销：各地新华书店
印　　刷：北京武英文博科技有限公司
开　　本：787×1092　1/16
印　　张：11.25
字　　数：278千
版　　次：2009年9月　第1版
　　　　　2019年1月　第2版
印　　次：2023年1月　第3次印刷　总第12次印刷
书　　号：ISBN 978-7-114-14924-5
定　　价：34.00元

(有印刷、装订质量问题的图书，由本公司负责调换)

前　言

近年来,随着经济社会的发展,全国城市轨道交通运营行业呈井喷式发展。行业的发展,使相关人员的需求大增,因此,全国职业院校面临着大量的城市轨道交通专业人员的培养和培训。而目前对于各院校,此类有针对性的教材较少,现有教材大多都偏于理论,深度和广度都与相关岗位的培训需求不甚相符。《城市轨道交通车辆及操作》一书就是在这种背景之下编写而成的。

在培训理念、技巧及课程开发等方面,本书编写人员曾接受香港铁路有限公司培训部的强化培训。在编写过程中,我们突破以往教科书的编写模式,内容上注重理论与实际操作相结合。此书主要面向地铁运营公司电动列车司机及相关专业的教学、培训。为了突出其实用性,编写人员在仔细分析电动列车司机岗位在知识、能力方面的具体要求的前提下进行了单元设置。在本书总的知识目标和能力目标的前提下,每一单元又设置明确的知识目标和能力目标,强调以学生为中心,突出职业教学培训的特点。另外,本书在某些知识点的介绍上,是以全国目前最先进、最典型的车型来介绍的,配有大量的实物图片,以便于学生能更感性地认知。每个单元结束后,学生可通过单元练习进行自我考核,从而及时检查学习效果。

参加本书编写工作的有:北京交通运输职业学院李伟(编写第一、二、九、十单元),仇海兵、纪争(编写第五、十一、十二单元),于涛(编写第三、四、六、七、八单元)。全书由仇海兵、纪争主编并负责全书统稿,李红军担任主审。

由于本书涵盖内容较广,加之编写时间较紧和业务水平所限,难免存在诸多不当和疏漏之处,敬请广大读者批评指正。

编　者
2018 年 6 月

目　　录

单元一　车辆概述 ··· 1
　课题一　城市轨道交通车辆的发展及特点 ··· 1
　课题二　轨道交通车辆的组成 ·· 4
　课题三　车辆的编组、主要尺寸及技术参数 ··· 8
　课题四　地铁车辆的安全规范 ·· 9
　单元练习 ·· 11

单元二　车辆结构 ·· 13
　课题一　车体类型及特征 ··· 13
　课题二　车体结构 ··· 14
　课题三　车辆底架设备 ·· 18
　课题四　驾驶室结构 ··· 19
　课题五　客室车厢结构 ·· 22
　单元练习 ·· 24

单元三　车门结构 ·· 27
　课题一　车门的类型 ··· 27
　课题二　车门编号及结构 ··· 29
　课题三　车门控制系统及操作 ·· 34
　单元练习 ·· 38

单元四　车辆连接装置 ·· 41
　课题一　车辆连接装置的分类及结构 ··· 41
　课题二　车钩的联挂和解钩操作 ·· 45
　课题三　贯通道装置结构特点 ·· 47
　单元练习 ·· 48

单元五　转向架 ··· 51
　课题一　转向架概述 ··· 51
　课题二　转向架的基本组成 ·· 53
　课题三　转向架预防性维护的主要项目 ··· 63
　单元练习 ·· 68

单元六　制动系统 ·· 71
　课题一　制动系统概述 ·· 71
　课题二　空气制动系统 ·· 73
　课题三　电制动系统 ··· 86
　课题四　EP2002 制动控制系统 ··· 87

单元练习 ·· 95

单元七　电力牵引系统 ·· 98
　　课题一　电力牵引系统概述 ·· 98
　　课题二　电力传动主电路与控制 ·· 101
　　课题三　受流装置、高压箱及牵引逆变器 ···························· 105
　　单元练习 ··· 109

单元八　采暖和空调系统 ·· 111
　　课题一　车辆空调系统概述 ·· 111
　　课题二　空调机组 ··· 113
　　课题三　通风系统 ··· 118
　　课题四　采暖 ··· 122
　　课题五　空调系统的调节及控制 ·· 123
　　单元练习 ··· 127

单元九　列车通信系统 ·· 130
　　课题一　乘客信息系统（PIS） ·· 130
　　课题二　CCTV 系统 ··· 133
　　课题三　车载电台及列车广播 ·· 134
　　课题四　列车收发系统 ··· 137
　　单元练习 ··· 138

单元十　列车控制与监控系统 ·· 140
　　课题一　列车控制系统 ··· 140
　　课题二　列车控制和监控系统（TCMS） ······························ 146
　　单元练习 ··· 150

单元十一　列车操作 ·· 152
　　课题一　司机出车操作 ··· 152
　　课题二　列车正线操作 ··· 156
　　单元练习 ··· 161

单元十二　列车故障处理 ·· 164
　　课题一　牵引系统故障 ··· 164
　　课题二　制动系统故障 ··· 165
　　课题三　驾驶模式选择开关卡死故障 ···································· 166
　　课题四　列车辅助供电系统、车轮故障 ································ 167
　　课题五　车门故障 ··· 167
　　单元练习 ··· 169

参考文献 ·· 172

单元一　车辆概述

城市轨道交通车辆是城市轨道交通系统的载客主体,它涉及机械、电气、控制、材料等多个领域,是整个系统中最关键、最复杂、技术含量最高的设备。它通过各个相对独立的子系统有机结合在一起,共同实现列车的安全、可靠、舒适的运行。随着科技的日新月异和社会对城市轨道交通需求的提升,地铁列车向更加轻量化、大载荷、高速度、高稳定性、高舒适性等方向发展。了解城市轨道交通车辆的发展历史、认知车辆的组成、尺寸及参数,对整体认知城市轨道交通车辆有非常重要的意义,也有利于后续各组成部分的学习。

知识目标

(1)轨道车辆的发展及特点;
(2)轨道交通车辆的一般组成及各组成部分的作用;
(3)常见地铁车辆的编组形式;
(4)轨道交通车辆的组成、尺寸及主要技术参数;
(5)地铁车辆的安全规范。

能力目标

(1)能够识别地铁车辆的一般组成部件;
(2)能够对地铁车辆进行编组;
(3)能够区分地铁车辆的主要尺寸和技术参数。

课题一　城市轨道交通车辆的发展及特点

世界上第一条城市地下铁道诞生于1863年的伦敦,当时的车辆采用蒸汽机车作为动力装置,但很快被内燃机车所取代;1890年世界上出现了电动机车后,地铁才正式步入了它的黄金时代。最初地铁车辆的车厢是木制的(图1-1),后来改为钢制的,以降低发生火灾时造成的危险。1953年开通的多伦多地下铁路,车厢材料开始改良为铝制,有效地减少了重量,降低了维修成本(图1-2)。

图 1-1 旧式木制车厢

图 1-2 铝合金地铁客车

在国外,城市轨道交通车辆产业已有 100 多年的发展历史。目前,国际市场 90% 的份额已控制在少数几个大跨国集团手中,如西门子、阿尔斯通、庞巴迪。在国际上,根据所采用的电气牵引系统的不同,将城市轨道客车的发展划分为 3 个阶段:20 世纪 50 年代以前,采用直流调速牵引系统的凸轮调阻车;20 世纪 50~70 年代,采用直流调速牵引系统的斩波调压车;20 世纪 70 年代至今,采用交流调速牵引系统的调频调压车。我国的城市轨道车辆产业是伴随着中国城市轨道交通的建设而逐渐发展起来的,特别是近 20 年的快速发展,我国城市轨道交通车辆制造技术已处于全球领先水平。以北京市为例,地铁车辆经历了 3 次更新换代。

(1)凸轮调阻车属第一代(图 1-3)。它生产于 20 世纪 60~70 年代,型号有 DK3G、DK20、DK16A、BD1、BD2 等。其中以 DK20 型为例,其车身最大长度为 19000mm,最大宽度为 2800mm,最大高度为 3695mm;最高时速为 80km/h,牵引加速度为 0.83m/s^2,常用制动减速度为 1.0m/s^2,紧急制动减速度为 1.2m/s^2;控制方式为凸轮调阻控制;制动方式为电阻制动并空气制动补足;通风方式为轴流式风机;每车设置紧急报警按钮,但没有通话装置;引导装置为门区的线路图;采取自动报站广播。

图 1-3 凸轮调阻车

(2)斩波调阻车(斩波调压车)属第二代(图 1-4)。它生产于 20 世纪 80~90 年代初期,型号有 DK11、M、GTO 等。其中以 DK11 型为例,其车身最大长度为 19000mm,最大宽度为 2600mm,最大高度为 3510mm;最高时速为 80km/h,牵引加速度为 0.83m/s^2,常用制动减速度为 1.0m/s^2,紧急制动减速度为 1.2m/s^2;控制方式为斩波调阻控制;制动方式为电阻制动并空气制动补足;通风方式为轴流式风机;每车设置紧急报警按钮,无通话装置;引导装置为门区的线路图;采取自动报站广播。

图 1-4　斩波调阻车

(3) 调频调压车(VVVF)属第三代(图 1-5)。它生产于 1998 年,型号有 DKZ4、DKZ5、北京八通线新型交流电动客车等。其中以 DKZ4 型为例,其车身最大长度为 19000mm,最大宽度为 2800mm,最大高度为 3510mm;最高时速为 80km/h,牵引加速度为 0.83m/s²,常用制动减速度为 1.0m/s²,紧急制动减速度为 1.2m/s²;采用 VVVF 控制;制动方式为再生制动并空气制动补足;每车有两台空调通风;每车设置紧急报警按钮及通话装置;引导装置为门区的 LED 显示屏;采取自动报站广播。

目前,如北京地铁 4 号线就应用着这种现代列车(图 1-6)。该车流线型车体符合空气动力学要求,大大减少了空气阻力;车身最大长度为 19000mm,最大宽度为 2800mm,车辆高度≤3810mm,客室内净高≥2100mm;最高时速为 80km/h;列车从 0 加速到 40km/h 时起动加速度≥0.83m/s²,列车从 0 加速到 80km/h 时起动加速度≥0.5m/s²。该车型的设计更加人性化,乘坐更加舒适便捷。

图 1-5　调频调压车　　　　　　图 1-6　现代列车

知识链接

北京地铁列车编号的含义

北京地铁列车编号是由一个字母加后面三位数字组成的,如 G116。字母表示车辆所属的车辆段,如 G 表示古城车辆段;第一个"1"表示凸轮调阻车;后面的"16"表示是第 16 辆车。北京地铁线路现在有凸轮调阻车(第一位是 1),斩波调阻车(第一位是 2,现已全部退役),斩波调压车(第一位是 3,现已全部退役),调频调压车(第一位是 4,目前服役的基本都是这类车)。

课题二　轨道交通车辆的组成

城市轨道交通车辆由机械、电器和空气管路3大部分组成。

1. 机械部分

机械部分，由车体、车门、车辆连接装置、转向架和制动装置组成。

(1) 车体，是城市轨道交通车辆最重要的组成部件之一，它分为有驾驶室车体和无驾驶室车体两种。车体是容纳乘客和司机的空间，又是安装与连接其他设备的基础部件。现代城市轨道交通车辆车体均采用整体承载的钢结构或轻金属结构，一次挤压成型材。这不仅能满足车体的强度要求，而且极大地减轻了车体自身的质量以及车辆运动时的能量消耗。车体一般分为底架、端墙、侧墙和车顶等几部分。车体结构，如图1-7所示。

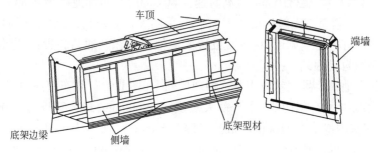

图1-7　车体结构

(2) 车门，按照安装位置的不同，有驾驶室侧门、驾驶室疏散门(图1-8)和客室车门之分。驾驶室侧门一般采用折页门或手动塞拉门。驾驶室疏散门采用折页门。客室车门采用双开外挂式塞拉门(图1-9)或双开内藏式拉门，开度为1300mm左右，每侧有4～5对。车门门体均为铝合金蜂窝结构。客室车门因其数量多、操作频繁(运营中平均每2min就须开关门1次)而成为车辆至关重要的部件。

图1-8　驾驶室疏散门　　　　图1-9　外挂式塞拉门

(3) 车辆连接装置,包括车钩缓冲装置(图1-10)和贯通道装置(图1-11)。前者的功能是实现车辆之间的编组连接,传递及缓和列车的纵向力;后者的功能是使载客车辆之间连通,有效地调节了各客室的乘客分布,也便于发生紧急情况时疏散乘客。

图1-10 车钩缓冲装置　　　　　　图1-11 贯通道装置

(4) 转向架(图1-12),装设于车体与轨道之间,用来牵引和引导车辆沿着轨道行驶,承受和传递来自车体及线路的各种载荷并缓和其动力作用,它是保证车辆运行品质的关键部件。转向架一般由构架、弹簧悬挂装置、轮对装置和制动装置等组成。转向架分动力转向架和非动力转向架。对于动力转向架,装设有牵引电动机、减速装置及集电器(受电靴)装置等。

图1-12 转向架

(5) 制动装置,是用以实现列车减速或停止运行,保证列车运行安全的设备。无论动车或拖车均需设摩擦制动装置。城市轨道交通车辆的制动装置除常规的空气制动装置外,还有再生制动、电阻制动和磁轨制动。磁轨制动是轻轨车辆制动常用的方式。

2. 电器部分

电器部分主要是按功能和系统以屏、柜及箱体的形式安装在车厢内及悬挂固定在车体底部车架上。为了使车厢用于载客部分的空间尽量多,电气箱柜绝大部分安装在车体下。

列车的电器部分是由电气设备和电气线路组成的。电气设备包括牵引电动机、空压机组、逆变器、蓄电池、过压保护电阻等;电气线路分为主电路、主控电路、辅助电路和辅助控制电路。

(1)牵引电动机是列车运行的动力设备,安装在转向架上;每个动车转向架上安装两个牵引电动机,分别驱动一对轮对(图1-13)。

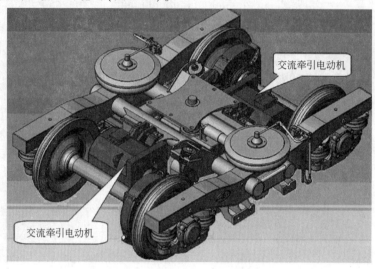

图1-13　牵引电动机的安装位置

我国第一代、第二代的调阻车和斩波调压车采用的是直流牵引电动机,单个电动机输出功率约为80kW,整列车均为动车。VVVF技术(调频调压技术)的推广使用,使列车牵引采用交流电动机成为可能,第三代调频调压车即采用适用于VVVF逆变器供电方式的三相4极鼠笼式异步电动机(图1-14),单个电动机输出功率约为180kW,列车编组采取三动三拖的形式。

(2)空压机组是将电动机的机械能转换成气体压力能的装置,它是压缩空气的气压发生装置。空压机组含过滤、干燥、冷却以及安全设备,提供列车空气制动所需要的干燥、清洁空气,并产生制动所需要的空气压力。每列车均设有两套电动空压机组,当一套空压机组不能启动工作或被切除时,另一套空压机组在独立的工作状态下能够满足六辆编组列车的用风需要。空压机组柔性安装在车体下部(图1-15),要求体积小、质量小、寿命长、易于维修、噪声低(在距离空压机组1m处,噪声应低于78dB)。

图1-14　交流牵引电动机　　　　　图1-15　空压机组

(3)逆变器是一种将直流电(DC)转化为交流电(AC)的装置,装设在车体下部(图1-16)。车辆通过受流器由接触网(接触轨或架空接触线)供给750V或1500V直流电,而牵引电动机转换为交流电动机,列车的辅助设备也需要交流电能,因此,在列车上需装设逆变装置。逆变器分为牵引主逆变器(MCM)和辅助逆变器(ACM)。直流750V电压经高压元件和线路滤波器后供给MCM和ACM,MCM将直流电压转化为变频变幅的对称三相交流电压,用来驱动或制动牵引电动机。ACM将DC750V电压逆变成AC380V,给空压机组、空调等负载供电,并通过整流装置给蓄电池充电。另外,每节列车还设有一个紧急通风用逆变器装置,用于列车因为某种原因而导致其外部辅助电源不能正常输出时,将车载蓄电池提供的直流电压转换成三相交流电压供给空调机组的通风机使用,维持其继续工作。

图1-16 牵引主逆变器

(4)蓄电池属于辅助电源系统,每列车安装2套蓄电池组,每组共有78只碱性镉-镍蓄电池,装在2个电池箱,每列车有4个蓄电池箱子(图1-17)。蓄电池组供电电压范围DC77V~DC110V,当蓄电池电压低于75V时,进行保护不再供电。蓄电池容量能够满足6辆编组列车在任何工况时紧急通风、照明45min;应用蓄电池牵引,最大距离在平直轨道上运行不超过50m。

(5)过压保护电阻装设在车体下的电阻箱(图1-18)中,每列车共3个。在制动模式时,电力牵引系统将能量反过来转化,牵引电动机好似发电机,发出电能,电制动能量反馈到电网供给其他列车,如果一个电分区车辆密度不够,则以热量的形式消耗在电阻上。过压保护电阻的作用,就是在制动时短时吸收由电动机反馈到直流侧的能量。

图1-17 蓄电池箱

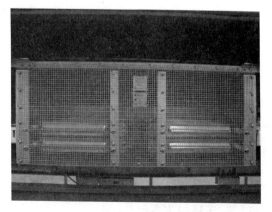

图1-18 电阻箱

3.空气管路

空气管路为制动系统和二系悬架系统输送压缩空气,它布置在转向架构架的两侧。

课题三　车辆的编组、主要尺寸及技术参数

一、车辆的编组

地铁车辆有动车、拖车、带驾驶室车和不带驾驶室车等多种形式。例如上海地铁列车车厢主要有以下3种：

(1)带驾驶室的拖车（Tc车，习惯定义为"A车"），为列车的首、尾两节车厢。

(2)带受电弓的动车（Mp车，习惯定义为"B车"），为有"小辫子"的车厢。

(3)动车（M车，习惯定义为"C车"），为外观最普通的，"什么都没有"的车厢。

其中，B车与C车必须连接起来构成动车组来使用。原因在于，列车携带有相当多的设备，而这些设备无法全部安装在一节车厢上，只能分装在各节车厢上。仅有动车组并不能组成一列完整的列车，还需要能够牵引列车的A车才行。在动车组的两端加挂A车后，一列完整的地铁列车就形成了。当采用6节编组时，其排列为：A－B－C－C－B－A；当采用8节编组时，其排列为：A－B－C－B－C－B－C－A。

早期的北京地铁采用直流牵引电动机，按全动车设计，两车为一单元，使用时按2、4、6辆编挂组成列车组。目前，北京地铁4号线的列车有带驾驶室的拖车（Tc$_1$车、Tc$_2$车）、不带驾驶室的拖车（T车）和不带驾驶室的驱动车（M车）3种车型，采用贯通式车厢，乘客可以任意走动。一个动车和一个拖车为一个制动单元，使用时按2、4、6节进行编组。当采用6节编组时，排列为：＋Tc$_1$－M$_1$－M$_3$－T$_3$－M$_2$－Tc$_2$＋（图1-19）。

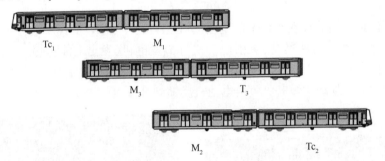

图1-19　北京地铁4号线6节编组的列车组成

知识链接

六辆编组＋Tc$_1$－M$_1$－M$_3$－T$_3$－M$_2$－Tc$_2$＋中，"＋"意为半自动车钩；"－"为半永久棒式车钩。

二、车辆的主要尺寸

选择车辆时要考虑车辆的主要尺寸，它包括以下几个方面：

(1)车体的长、宽、高。车体的长、宽、高又有车体外部与内部之分。车体内部的长、宽、高，必须满足乘客乘坐等要求；车体外部长、宽、高，应符合车辆限界的要求。

(2)车辆最大宽度与最大高度。车辆最大宽度,指车体最宽部分的尺寸;车辆最大高度,指车辆顶部最高点离钢轨水平面的距离。

(3)车钩高:是指车钩中心线至轨面的高度。各车辆的车钩高应基本一致,以确保正常传递牵引力及列车运行时不会发生脱钩事故。目前,城市轨道交通车辆的车钩高度还没有统一标准。例如,北京地铁车钩高为(660+10)mm,上海地铁为720mm。

(4)地板面高度:是指新造或修好后的空车,从地板面距轨面的高度。例如,北京地铁为1100mm,上海地铁为1300mm。

(5)车辆定距:是指车辆相邻两转向架中心之间的距离。

三、车辆的主要技术参数

车辆的主要技术参数包括以下几方面:

(1)自重、载重。车辆自重是指车辆本身的全部质量;车辆载重是指车辆允许的正常最大装载质量。

(2)构造速度:是指车辆基于按照安全及结构强度的考虑,设计时所允许的车辆最高行驶速度。车辆的实际运行速度不允许超过构造速度。

(3)轴重:是车轴允许负担的最大总质量,它包括轮对自身的质量。

(4)最小曲线半径:是指车辆在站场或厂、段内调车时所能安全通过的最小曲线半径。当车辆在此曲线区段上行驶时不得出现脱轨、倾覆等危及行车安全的事故,也不允许转向架与车体底架或车下其他悬挂物相碰。

(5)速度。速度参数包括:最大起动加速度、平均起动加速度和最大制动减速度。

(6)轴配置(轴列数):是指车辆转向架动轴或非动轴的配置情况。例如,4轴动车,设两台动力转向架,则轴配置记为B-B;6轴单铰轻轨车,两端为动力转向架,中间为非动力铰接转向架,其轴配置记为B-2-B。

(7)供电电压。该参数包括最大网电流及牵引电动机功率。

(8)制动形式。制动方式有摩擦制动、再生制动、电阻制动和磁轨制动等形式。

(9)座椅数及每平方米地板面积站立人数。此参数与列车大小尺寸相关,也与设计的服务水平相关。

课题四 地铁车辆的安全规范

一、通用安全规范

列车操作人员必须遵守当地政府所颁布的安全规章制度;在进行任何操作之前,必须熟悉当地政府所颁布的有关安全规章制度;在正线上运行时,必须执行当地政府所颁布的有关的安全规章制度。

二、司机的安全准则

(1)只有经过培训获取电动列车驾驶资格证书的司机才能操作列车。

(2)为安全起见,司机务必遵守各种行车安全准则,包括特别指示、禁例、警告、规则和信号等。

(3)操作列车前司机要熟悉所有操作元件的功能。
(4)当列车处于车库供电状态时,要确保车顶上没有任何人员。
(5)进行车间电源连接操作时,要确保列车没有处于供电状态。
(6)列车起动前必须确保车间的电/气路连接断开。
(7)只有在车间电源插座无电时司机才能进行插拔操作。
(8)任何时候司机都不能打开高压箱和接触高压部件。
(9)驾驶室逃生门通道附近在任何时间都要保持畅通。
(10)进行列车联挂和解钩作业时,两车中间严禁站人。
(11)司机必须熟悉列车上消防设备的位置和使用方法,以及在紧急状态下的逃生方法。
(12)正线运营前,司机要认真检查安全设备。如灭火器和紧急门栓等是否处于良好状态。
(13)司机在离开驾驶室前必须确保停车。
(14)司机要保证工作地点的整洁卫生。
(15)发现任何可能导致翻车和脱轨的危险因素(脱轨器,喷油),司机必须立即进行排除。

三、运营介绍

司机必须掌握列车操作及处理故障的主要步骤。操作介绍必须包括下列内容:
(1)列车司机的运营任务。
(2)列车最大允许驾驶速度。
(3)不同列车编组相应的制动距离。
(4)允许负载。
(5)各种信号的含义。
(6)对接近轨道和轨道上行走人员的警告方式。
(7)如何选择、使用和保存制动闸瓦。
(8)处理故障的步骤。例如:信号/通信故障,牵引/制动错误,轨道电路故障及供电故障等。
(9)注意其他可能影响运营的列车和交通工具。例如:在折返线上的其他车辆或可能导致列车损坏的行车区域。
(10)运营公司正线运营相关的安全规章:
①轨道区域的作业仅在需要的情况下才允许进行。
②在正线轨道上作业时,必须随时保持警惕,避免发生危险。
③不要在正线轨道上站立或行走,因为有些轨道是可以移动的,如折返线道岔区。
④不要站在列车周围,因为列车会随时移动,以免发生意外。
⑤在列车上除了允许站立的地方,不要随意站在别的地方。
⑥小心不要被邻近轨道上行驶的车辆撞伤。
⑦当需要在轨道上作业时,应面对来车方向行走。
⑧不要影响信号显示特别是信号灯的显示。
⑨司机必须对警告信号迅速做出反应。

单元一 车辆概述

四、地点和列车安全

（1）从事危险工作的人员，必须在允许工作前接受如何使用防护设备的特别培训。

（2）当车辆停在车间检修轨道上时，应确保该车与其他设备留有0.5m的安全距离。

（3）应保护不使用的或闲置的设备，以避免不可控的启动。

五、空车的停放

如果空车停在车场，必须有保护措施避免列车进入运营地区而发生事故。

知识链接

目前，全国关于城市轨道交通运营管理的法规有《城市轨道交通运营管理办法》。拥有地铁的各个城市也都先后出台了相关的法规条令，如《北京市城市轨道交通安全运营管理办法》，其中，对各工作岗位的职责及要求都有所规定。另外，根据岗位的不同，工作人员需要获得相应的资格认证后方能上岗，如列车司机需要取得列车司机初级证、上岗证书。

单元练习

一、选择题（不定项选择）

1. 城市轨道交通车辆的组成部分包括（　　）。
   A. 机械部分　　　　　　　　B. 电器部分
   C. 轨道部分　　　　　　　　D. 空气管路

2. 下列（　　）设备用于为制动系统和二系悬架系统输送压缩空气，布置在转向架构架的两侧。
   A. 牵引电动机　　　　　　　B. 过压保护电阻
   C. 逆变器　　　　　　　　　D. 空气管路

3. 下列（　　）设备可以给列车蓄电池充电。
   A. MCM　　　　　　　　　　B. ACM
   C. 空压机　　　　　　　　　D. 紧急通风逆变器

4. 下列术语为列车主要技术参数的有（　　）。
   A. 车钩高　　　　　　　　　B. 车辆载重
   C. 速度　　　　　　　　　　D. 车辆定距

5. 有关列车司机安全准则，下列说法正确的有（　　）。
   A. 只有通过相应资格认证的司机才能驾驶列车
   B. 司机可以打开高压箱并进行维修
   C. 进入正线运行前，需检查安全设备
   D. 司机在离开驾驶室前必须停车

二、判断题

1. 调频调压车（VVVF车）的驱动装置是交流牵引电动机。　　　　　　　　　（　　）

2. 驾驶室疏散门因为不常用,所以可有可无。   （   ）
3. 蓄电池容量能够满足6辆编组列车在任何工况时紧急通风、照明45min。（   ）
4. 构造速度只是车辆的设计速度,实际运行时可以超过构造速度。   （   ）
5. 司机在列车上可以随意走动。   （   ）

三、简答题

1. 谈谈你所在城市轨道交通列车的发展史。
2. 结合所在城市的地铁列车,简述其编组形式。
3. 简述城市轨道交通车辆的组成及作用。

四、综合实训

1. 实训目标

（1）能够指认城市轨道交通车辆的组成部件;
（2）能够对地铁车辆进行编组;
（3）能够通过查阅资料填写车辆的主要尺寸和技术参数。

2. 实训设备

城市轨道交通车辆或模拟软件。

3. 实训内容

（1）根据实训设备或实际城市轨道交通车辆,填写其各组成部件。

序号	车辆组成部分	组 成 部 件
1	机械部分	
2	电器部分	
3	空气管路	

（2）某城市地铁列车采用8节编组,其中2节为拖车,6节为动车,请按照车辆编组规则进行编组。

（3）通过查阅资料,填表完成学校实训车辆或所在城市某条线的车辆的主要尺寸和技术参数。

序　号	名　　称	尺　寸	序　号	名　　称	参　数
1	车辆长度		7	自重	
2	车辆宽度		8	载重	
3	车辆高度		9	构造速度	
4	车钩高度		10	轴重	
5	车辆定距		11	供电电压	
6	地板面高度		12	轴配置	

单元二 车辆结构

车辆从外观上看,可以分为车体、驾驶室、客室及车辆底架设备。车体、驾驶室、客室是乘客乘坐的空间和司机驾驶列车的地方,也是安装、吊挂其他设备的基础;车辆底架设备安装于车体下部,是列车运行的基础部件。因此,车体、驾驶室、客室及车辆底架设备是车辆的重要组成部分。车辆总体结构的认知是为了了解车辆整体结构布局,认识其重要性,为下一步学习车辆各个组成部件打下基础。

(1)车体材料、承载方式及工艺特点;
(2)车体的组成及各组成部分的结构特点;
(3)车辆底架设备;
(4)驾驶室结构;
(5)客室车厢结构。

1.能熟知不同材料车体的特性;
2.能正确区分动车与拖车车载设备;
3.能熟识驾驶室及客室的结构。

课题一 车体类型及特征

车体支撑在转向架上,其底架下部及车顶上部安装大量机电设备,构成了车辆的总体,是城市轨道交通车辆最重要的部件之一。车体要承受各种动、静荷载和各种振动,结构上要适应高速度运行,还要隔音、减振、隔热、防火,在事故状态下尽可能保证旅客安全。

城市快速轨道交通车辆车体的基本形式,按材料不同可分为耐候钢车体、不锈钢车体和铝合金车体3种。

普通碳素钢车体使用中腐蚀十分严重,为了提高车体的耐腐蚀性,延长车体的使用寿命,现在较多应用的是含铜或含镍铬等合金元素的耐腐蚀的低合金钢材料(或称耐候钢)。

采用半不锈钢(地板为不锈钢,骨架为普通碳素钢)或全不锈钢车体,免除了车体内壁涂敷防腐蚀涂料和表面涂漆,在保证强度、刚度的前提下,板厚可减小,同时也提高了使用寿命。一般不锈钢车体自重比普通碳素钢可减轻1~2t(约10%~20%)。

为了进一步实现车体轻量化,德、日、英等国在近代的高速列车、地铁车辆和轻轨车辆上采用铝合金车体。为了充分发挥材料的承载能力,铝制和钢制车体在结构形式上有很大的差异。在铝制车体结构设计中,车体主要承载构件一般采用大型中空截面的挤压形铝型材,以提高构件的刚度,充分发挥材料的承载能力,最大限度地减轻车辆的自重。全车的底板、侧墙、车顶均采用大型中空截面的挤压铝型材拼焊而成,与钢制车体相比,焊接工作量减少约40%,制造工艺大为简化,质量可减轻3~5t。可保证车体承载结构在使用期内(一般为25~30年)不维修或少维修。

课题二　车体结构

城市轨道交通车辆的车体采用由底架、侧墙、车顶、端墙(驾驶室)4大部分组成的封闭筒形薄壳整体承载结构。相关教学资源见二维码1。

一、底架

列车底架就是由各种纵向和横向钢梁组成的长方形构架。它承托着车体,是车体的基础。车底架承受上部车体及装载物的全部质量,并通过上、下心盘将质量传给走行部。在列车运行时,它还承受机车牵引力和列车运行中所引起的各种冲击力及其他外力。所以,它必须具有足够的强度和刚度,才能坚固耐用。

二维码1

钢制车体的底架(图2-1)是由2个底架边梁加上5个底架型材组成的。2个枕梁固定在底架上用来连接转向架,2个刚性侧梁可安装防爬器的端梁。

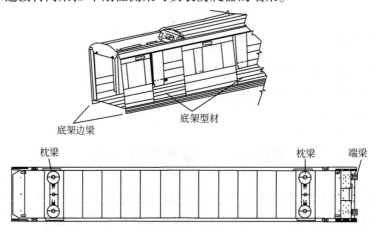

图2-1　钢制车体的底架结构

不锈钢车体底架的底架型材与边梁利用过渡连接板实现点焊连接。底架边梁采用4mmSUS301L-HT材料,以提高底架的整体强度和刚度。

铝合金车体底架设计呈上拱形,在空载状态下车体中央位置最大上挠度为10mm,在满载时与地板面保持水平,即挠度为零。图2-2为有驾驶室的拖车底架总图,由侧梁、地板横梁、枕梁、牵引梁和端梁组成,大部分采用大型中空截面挤压铝型材拼焊而成。

单元二 车辆结构

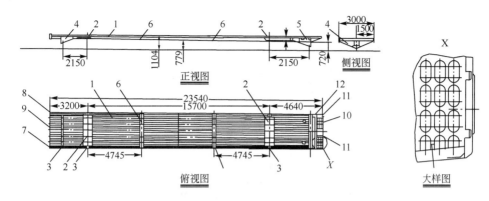

图 2-2 地铁车辆 A 车底架总图(尺寸单位:mm)

1-地板;2-枕梁;3-枕梁腹板;4-牵引梁腹板;5-牵引梁;6-地板横梁;7、8-侧梁;9-端梁;10-防爬装置;11-驾驶室地板;12-驾驶室横板

地板横梁和侧梁用来承担作用于地板面的垂直荷载和由牵引梁传来的纵向力(牵引力或冲击力)。端梁左右各有 8 个圆孔,用于安装电缆及管路。牵引梁用于安装车钩缓冲装置,传递车辆之间的牵引力和冲击力。

在驾驶室端外侧地板面高度设有防爬装置,它是由低合金高强度钢制成的三筋式可以折弯型结构,可承受 3.34×10^5 N 的垂直力和 5.6×10^5 N 的纵向力,起着意外冲撞时的防爬车作用(图 2-3)。

图 2-3 列车防爬器

知识链接

车辆的防爬器不同于轨道防爬器。列车防爬器防止车辆相撞时车头跃起;而轨道防爬器防止轨道"爬行"。因为地铁列车行进中会碾压轨道,无形中将轨道向前推,久而久之,就好像轨道向前"爬"了出去,高温中这种情况更加突出。"防爬器"能够在轨道两边将轨道死死拉住,让它不能"爬行"。

二、侧墙

钢制车体的侧墙由边梁、立柱、窗立柱、横梁和墙板等零部件组成。在车门周围设有门边立柱和横梁进行补强,如图 2-4 所示。

铝合金车体的侧墙(图 2-5),左右各有 5 个车门和 4 个车窗,而侧墙的上部又与车顶部件组合在一起。因此,在组装工艺上,侧墙不作为独立的整体部件,而是将一个车窗的窗框、窗下侧壁及其左右窗间壁、活门间壁做成一个部件及两端 2 块侧壁,全车共 12 块,直接与车架、车顶组装。各个侧壁部件均有纵向和横向的 L 形、U 形或口形的型材予以加强。

三、车顶

钢制车体的车顶(图 2-4),由边梁、弯梁、纵向梁、顶板和车顶端部组成。如果在车顶上安装受电弓或空调机组等设备,则必须根据需要适当加强承载能力,确保满足强度要求。

— 15 —

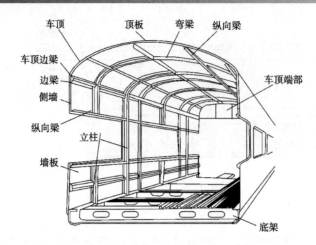

图 2-4 钢制车体承载结构

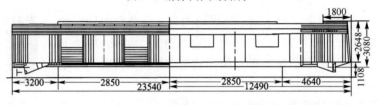

图 2-5 铝合金车体侧墙部件图(尺寸单位:mm)

不锈钢车体的车顶由波纹顶板、车顶弯梁、车顶边梁、侧顶板、空调机组平台等几部分组成。车顶采用波纹顶板无纵向梁结构,顶板间搭接缝焊接连接,与车顶弯梁点焊在一起,机组平台由纵梁、弯梁、顶板点焊组成部件,再与车顶通过点焊及塞焊组成一体。

铝合金车体的车顶(图 2-6),两侧小圆弧部分采用形状复杂的中空截面挤压铝型材;中部大圆弧部分为带有纵向加强杆件的挤压成形的车顶板,其长度与车顶等长。车顶组装时,仅留下几条与车顶等长的纵向长焊缝。

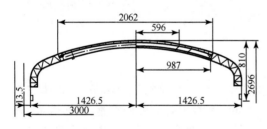

图 2-6 铝合金车体的车顶总图(尺寸单位:mm)

四、端墙

地铁车辆两端的驾驶室端墙(图 2-7)设有端门,除在端门两边设有立柱进行补强外,其他结构基本与侧墙结构类似。其余端墙基本设贯通道,端板(图 2-8)安装在两侧墙板和车顶之间,用于连接贯通道。

目前,就车体拼装形式而言,几十年来国内外都是采用全焊结构,即底架、侧墙、车顶和端墙均为焊接而成的部件,这四大部件组成车体时也采用焊接工艺。

近年来,国外研制出了一种称为模块化的工艺。模块化车体结构将模块化的概念引入到车体设计、制造和生产管理的各个环节之中。将整个车体分成若干个模块,如图 2-9 所示,在每个模块的制造过程中完成整车需要的内装、布管和布线的预组装并解决相互之间的接口问题。各模块完成后即可进行整车组装。每一模块的结构部分本身采用焊接,而各模块之间的总成采用机械焊接,如图 2-10 所示。

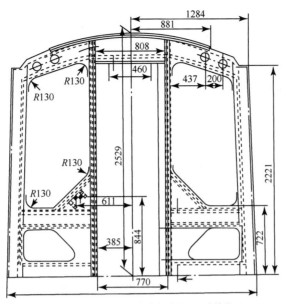

图 2-7 地铁车辆两端的端墙驾驶室(尺寸单位:mm)

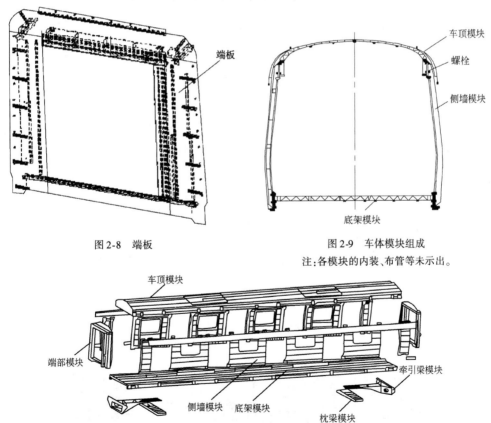

图 2-8 端板

图 2-9 车体模块组成
注:各模块的内装、布管等未示出。

图 2-10 车体组成

模块化结构的优点如下:
(1)模块支撑后均须进行试验,从而保证整车组装后试验简单,整车质量容易保证。

(2) 由于解决了模块之间的接口问题,因此每个模块的制造过程可独立进行。
(3) 降低施工难度,提高劳动效率。
(4) 减少工装设备,简化施工程序,降低生产成本。
(5) 车辆检修中,可采用更换模块的方式,方便维修。

模块化结构的缺点:个别部件(如驾驶室框架)采用部分钢材制造,各部件之间又采用钢制螺栓连接,因此车体自重要比全焊结构稍重。

课题三 车辆底架设备

我国常见的地铁列车车厢主要有 3 种:A 车、B 车和 C 车。它们底架设备各有不同。A 车底架设备有:两个拖车转向架;组合制动吊架包括 LV 低压箱,空气压缩机,制动储存风缸,空气悬挂风缸,空簧缸,主风缸,制动控制单元(BCU),空气干燥机,加热控制盒;辅助逆变器,蓄电池箱。如图 2-11 所示。

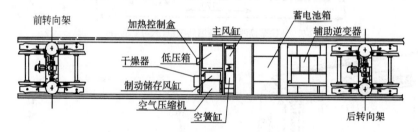

图 2-11 A 型车底架设备

B 车与 C 车底架设备有:两个动车转向架,牵引/制动箱,电抗器箱,制动电阻箱,LV 低压箱;组合制动吊架包括制动风缸,空簧缸,主风缸,制动控制单元(BCU),辅助逆变器(B 车),蓄电池箱(C 车)。如图 2-12、图 2-13 所示。

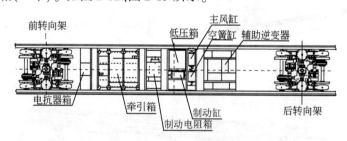

图 2-12 B 型车底架设备

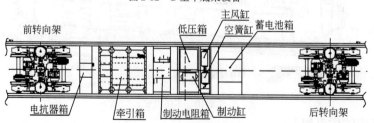

图 2-13 C 型车底架设备

对于目前北京所采用的三动三拖编组列车来说,车辆底架设备布置以4号线列车为例,如表2-1所示。

列车车辆底架设备布置表　　　　　表2-1

车　型	牵引系统	辅助系统	制动系统	空气压缩机	扩展供电装置	蓄　电　池
Tc_1			√	√		√
M_1	√	√	√			
M_3	√		√		√高压箱内	
T_3			√			
M_2	√	√	√			
Tc_2			√	√		√

注:Tc_1、Tc_2-带驾驶室的拖车;M_1、M_2、M_3-动车;T_3-拖车。

课题四　驾驶室结构

驾驶室通过隔离墙与客室分开,未经允许乘客不能进入驾驶室,但是,司机可以自由进出驾驶室和客室。在驾驶员的左边安装了应急逃生门,该应急逃生门是机械式的,驾驶室隔门打开后,乘客可通过逃生门的梯子逃出车外。

驾驶室由以下几部分组成:内部设备(司机座椅);驾驶室两侧设有边窗、驾驶室门、开/关客室门的按钮;驾驶室上部设有驾驶室空调、内部照明、外部信息显示器、光亮度探测器;驾驶室后方设有驾驶室隔墙;驾驶室前方设有司机控制台、遮阳窗帘、无线电设备;在驾驶员的左边设有应急逃生门、应急逃生梯、驾驶室灭火器、安装在后面的水箱;司机控制台下设有音频控制单元ACU、110/24 DC－DC变换器;外部设有扶手、风窗玻璃、刮水器、外部车头灯、无线电天线(在驾驶室顶)。驾驶室室内布置,如图2-14所示。

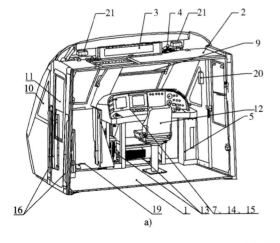
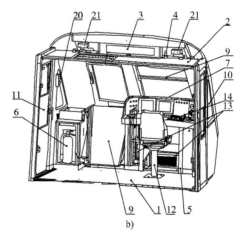

图　2-14

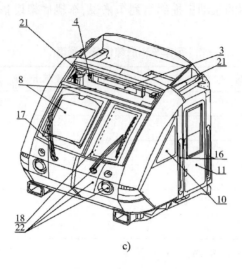

c)

图 2-14 驾驶室内布置

1-驾驶室地板;2-驾驶室空调;3-外部信息显示器;4-光亮度探测器;5-无线电设备;6-驾驶室灭火器;7、14、15-司机控制台;8、18-风窗玻璃;9-遮阳窗帘;10-边窗;11-驾驶室门;12-司机座椅;13-音频控制单元 ACU、110/24 DC-DC 变换器;16-扶手;17、22-刮水器;19-逃生梯;20-开关客室门的按钮;21-外部车头灯

1. 司机座椅

司机座椅是按照人最舒适的坐姿设计的,司机可以在座位上迅速地起身活动。座椅的前后由调节杆调节,高低可以用高度调节杆调节,旋转调节杆可使座椅旋转180°,椅背倾斜调节杆用来控制靠背角度(图 2-15)。座椅透气功能好,座椅质量小于30kg。

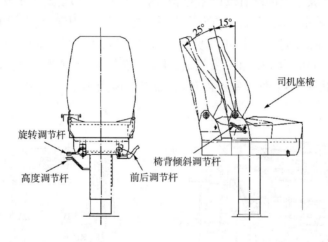

图 2-15 司机座椅

2. 驾驶室两侧

司机可从驾驶室两个侧门进入驾驶室。驾驶室窗设有 7 个位置(1 个高位的,5 个中间位置,还有 1 个在底部),使司机有宽广的视线。

3. 驾驶室上部

驾驶室的上部顶板装有灯和空调,如图 2-16 所示。

单元二 车辆结构

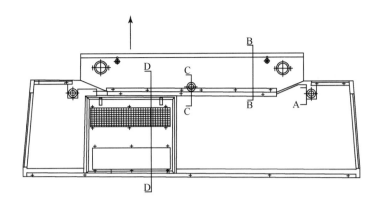

图2-16 驾驶室上部

4. 驾驶室后部

驾驶室后部由一个安全隔离墙把驾驶室和客室隔开,在隔离墙上设有后端门使驾驶室与客室相通,司机要进入客室需打开后端门。

5. 驾驶室前部

驾驶台(司机驾驶台)是列车司机驾驶车辆的操作台,集成了车辆的各种状态信息、性能信息及控制手段,相关教学资源见二维码2。虽然各个车辆厂生产的列车根据用户要求有所区别,但是驾驶台的布置基本相同,司机控制器、操纵台显示屏等按照标准的制式规格统一制作。驾驶台的设备包括列车监控显示屏(TOD)、列车故障显示屏(HMI)、无线电系统、网压表、双针气压表、司控器和各种功能按钮。驾驶台在司机的正前方,这种设计使司机有良好的视野进行观察,方便操作和驾驶。如图2-17所示。

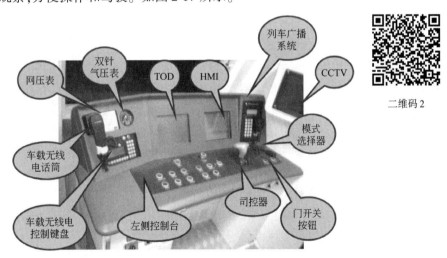

二维码2

图2-17 司机驾驶台

 知识链接

驾驶室显示屏在不同列车有不同的名称,这与系统和设计有关。MMI(Man Machine

— 21 —

Interface)和HMI(Human Machine Interface)是人机交互界面;TOD(Train Observation Display)是列车监控系统显示屏;DDU(Driver Display Unit)是司机显示单元,负责列车状态的监控。

6. 驾驶室门

司机可通过驾驶室侧门从车外进入驾驶室,该门装有7个位置(1个顶部锁定位、5个中间位、1个底部位)的滑动式车窗,司机可通过该车窗观察车外情况。

7. 风窗玻璃

风窗玻璃用于司机观察线路及信号。风窗玻璃内置自动调温的除霜器、一个刮水器和清洗器。刮水器和清洗器是与应急逃生门的刮水器和清洗器共同控制的。

8. 应急逃生门(相关教学资源见二维码3)

应急逃生门可绕安装于驾驶室左部顶部的水平轴垂直向上开启。它手动解锁后通过气簧执行机构机械动作后,可推一下专门的接近轨道的应急梯(图2-18),即可应急逃生。应急逃生门装有风窗玻璃、一个刮水器和清洗器。

图2-18 应急梯

二维码3

课题五 客室车厢结构

客室车厢一般是由客室座椅、扶手、屏风、车窗、车门和其他设备构成的,如图2-19所示。

1. 客室座椅

现代地铁列车的客室座椅都采用新型的防火材料,大多是钢骨架支撑的玻璃制品,采用符合人体工程学的造型,使乘客更加舒适;客室座椅颜色清新明快,以蓝色为主。每个座椅宽为430mm,按2个座位或6个座位为一组,能够方便地拆卸和安装。座椅被固定在车体侧墙上,没有与地板连接的部分,这样方便清洗地板。列车的供暖设备装到座椅下,保证暖空气覆盖车厢底部,避免头顶热风造成乘客燥热、头晕。

2. 扶手和屏风

水平、垂直扶手和侧边屏风由抛光的不锈钢材料制成。

以某地铁车辆为例,每节A车的扶手有:14个连续的从顶板到地板的垂直扶手;13个水平扶手与垂直扶手连接;10个屏风在每节车的右侧;9个对称的屏风在车的左边(由于ATC室的存在);1个水平拉手;22个把手。如图2-20所示。

每节B、C车的扶手有:15个连续的从顶板到地板的垂直扶手;14个水平扶手与垂直扶手连接;10个屏风在每节车的右侧;10个对称的屏风在车的左边;24个把手。如图2-20所示。

图2-19 客室车厢结构

单元二 车辆结构

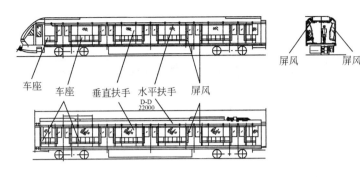

图 2-20 客室结构

 知识链接

无论是何种车厢,列车横竖扶手都应保证乘客在车内任意位置都有扶手抓握。车门两侧的屏风用来分隔开门口区域和座位区域。扶手和屏风材料的选用也要满足防火、阻燃、无烟的要求。

3. 客室车窗

每节 A 车有 4 扇大窗、1 扇后窗和 1 扇小前窗;每节 B、C 车有 4 扇大窗、2 扇后窗和前窗,窗玻璃约厚 27mm。车窗可随时打开通风,如图 2-21 所示。

4. 其他设备

(1) 空调和应急通风系统。现代列车的客室车厢还装有空调和应急通风系统,它主要由带电加热的冷气机、风道、电加热座椅、座椅下的电加热器、地板电加热等组成。风口多布置在客室车顶上,吹出的风并不是很大,但强调安静、柔和、舒适,使乘客在车厢任何一个位置都能感觉凉爽舒适。

(2) 紧急报警器。在每扇客室车门旁边,还装有乘客紧急报警器。新式报警器不必打破隔板,只要推开滑门,按动红色按钮,就可以直接与司机通话报告险情,如图 2-22 所示。

图 2-21 客室车窗

图 2-22 乘客紧急报警器

(3) LED 显示屏。每节车厢里都安装了 8 块 LED 显示屏(乘客信息系统),为乘客提供运行信息、紧急信息、商务广告及新闻娱乐等,如图 2-23 所示。

(4) 门区电子线路图。在每个车门顶部,都安装了门区电子线路图,本车运行的具体方位通过红色和绿色的小灯显示,防止乘客错过站点,如图 2-24 所示。

图 2-23 乘客信息系统

图 2-24 门区电子地图

图 2-25 车门紧急解锁开关

(5) 车门紧急解锁开关。在每节车的车门上方,设有车门紧急解锁开关。此开关在紧急情况下,当列车已停在车站,并且车门已对应站台位置,需要乘客自行疏散时使用。此项为机械解锁,在无电情况下仍可使用,如图 2-25 所示。

(6) 烟雾传感器、火灾报警设施、灭火器和全角度监控摄像头。每节车厢都安装有烟雾传感器和火灾报警设备,可以及时发出火灾预警;每节车厢的座位底下备有两个灭火器,以便发生火灾时使用;在每节车厢安装有全角度的监控摄像头,在司机座位上方的显示屏上,司机在驾驶室里可以直接观察到各车厢里的情况,也方便全方位监控车厢内的实况。

单元练习

一、选择题(不定项选择)

1. 城市快速轨道交通车辆车体的基本形式,按材料不同可分为( )。
   A. 耐候钢车体　　　　　　　　　B. 不锈钢车体
   C. 铝合金车体　　　　　　　　　D. 碳素钢车体

2. 城市轨道交通车辆的车体是采用由( )组成的封闭筒形薄壳整体承载结构。
   A. 底架　　　　　　　　　　　　B. 侧墙
   C. 端墙　　　　　　　　　　　　D. 车顶

3. 下列属于车体模块化生产工艺优点的是( )。
   A. 整车组装后试验简单,质量容易保证
   B. 每个模块的制造过程可独立进行
   C. 方便维修
   D. 各部件之间采用钢制螺栓连接,车体自重大

4. 下列属于驾驶室外部设备的有( )。
   A. 驾驶台　　　　　　　　　　　B. 扶手
   C. 无线电天线　　　　　　　　　D. 风窗玻璃

5. 客室车厢内的安全装置有( )。
   A. 乘客紧急报警按钮　　　　　　　B. 车门紧急解锁手柄
   C. 门区电子地图　　　　　　　　　D. 灭火器

二、判断题

1. 无论是何种车厢,车卡设备都有制动系统。　　　　　　　　　　　　(　　)
2. 驾驶室通过隔离墙与客室分开,未经允许乘客不能进入驾驶室。　　(　　)
3. HMI 是列车监控系统显示屏的缩写。　　　　　　　　　　　　　　　(　　)
4. 驾驶室的逃生门是靠电能操作的。　　　　　　　　　　　　　　　　(　　)
5. 在列车设施设备材料的选取方面要充分考虑防火的要求。　　　　　(　　)

三、简答题

1. 简述不同材料车体的优、缺点。
2. 简述列车模块化生产的优、缺点。
3. 谈谈对目前驾驶室结构及客室车厢结构的看法。

四、综合实训

1. 实训目标
(1) 能够识别车辆的总体组成部分;
(2) 能够识别驾驶室的主要设备;
(3) 能够识别客室的主要设备。

2. 实训设备

城市轨道交通车辆或模拟软件。

3. 实训内容
(1) 根据实训设备或实际城市轨道交通车辆,指认以下部件,并填写下表。

序　号	名　称	位　置	作　用
1	驾驶室		
2	底架		
3	侧墙		
4	车顶		
5	端墙		
6	牵引系统		
7	辅助系统		
8	制动系统		
9	空气压缩机		
10	蓄电池		

(2) 根据实训设备或实际城市轨道交通车辆,指认驾驶室设备,并填写下表。

序 号	名 称	位 置	作 用
1	司机座椅		
2	驾驶室门		
3	驾驶室后端门		
4	驾驶台		
5	风窗玻璃		
6	应急逃生门		

(3) 根据实训设备或实际城市轨道交通车辆,指认客室设备,并填写下表。

序 号	名 称	位 置	作 用
1	客室座椅		
2	扶手		
3	屏风		
4	客室车窗		
5	空调和应急通风系统		
6	紧急报警器		
7	乘客信息系统		
8	门区电子地图		
9	车门紧急解锁开关		
10	烟雾传感器		

单元三 车门结构

城市轨道交通车辆的车门是列车上的关键设备之一,其因数量多,操作频繁(运营中平均每2min就须开关门1次)而成为列车故障率最高的系统。车门的结构和控制系统是否安全可靠,直接影响列车的运行安全和乘客的人身安全,严重时会造成大面积的运营延误。因此,轨道列车司机不仅需要能够合理、正常地进行开关门作业,还需要保证车门发生故障时能够迅速判断故障及排除故障,保证列车安全、正点的运营和乘客的人身安全。

(1)城市轨道交通车辆车门的类型;
(2)车门在地铁车辆的位置;
(3)客室塞拉式车门的特点及其组成。

(1)能准确指出客室塞拉式车门各组成部分的具体位置;
(2)掌握车门的正常操作和应急操作程序。

课题一 车门的类型

随着世界城市轨道交通的发展,各个国家的轨道交通车辆的车门类型多种多样,但根据城市轨道交通自身的特点,车门应具有以下要求:
(1)要有足够的有效宽度。
(2)车门要均匀分布,以方便乘客上、下车。
(3)要有足够数量的车门,可使乘客上、下车时间满足地铁列车运行密度的要求。
(4)车门附近要有足够的空间,方便乘客上、下车时周转。
(5)要确保乘客的安全。
(6)要具有较高的可靠性。

对城市轨道交通车辆而言,按照车门功能分类,可分为客室侧门、驾驶室侧门、驾驶室后端门和紧急疏散门(图3-1)。按照车门的驱动系统的动力来源,可分为电动式车门和气动式车门。电动式车门的动力来源是直流电动机或交流电动机;气动式车门的动力来源是驱动汽缸。按照车门的运动轨迹以及车体的安装方式,客室车门可分为内藏嵌入式车门、外挂式车门、塞拉式车门和外摆式车门。

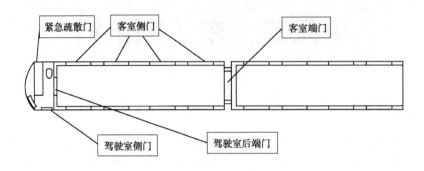

图 3-1 各类车门位置示意图

 知识链接

城市轨道交通车辆的车门所使用的压缩空气(也称压力空气)都是由空气压缩机组(简称空压机)生产的,电动机通过联轴器直接驱动空压机。城市轨道交通车辆采用的空气压缩机一般要求具有噪声低、振动小、结构紧凑、维护方便、环境实用性强的特点。目前,城市轨道交通车辆中采用的主要有活塞式空气压缩机和螺杆式空气压缩机两种。

1. 内藏嵌入式车门

内藏嵌入式车门简称内藏门,在车辆开关门时,门叶在车辆侧墙的外墙板与内饰板之间的夹层内移动。传动系统设于车厢内侧车门的顶部,装有导轮的门叶可在导轨上移动,传动机构的钢丝绳、皮带或丝杠与门叶连接,用汽缸或电动机驱动传动机构,从而实现车门的往复开关动作。

2. 外挂式车门

外挂式车门与内藏嵌入式车门的主要区别:门叶和悬架机构始终位于侧墙的外侧;车门传动机构的工作原理与内藏嵌入式车门完全相同。

3. 塞拉式车门(相关教学资源见二维码4)

塞拉式车门是车门在启动状态时,门叶贴靠在侧墙外侧,车门在关闭状态时门叶外表面与车体外墙成一平面,如图3-2所示。这不仅使车辆外观美观,而且也有利于在列车高速行驶时减小空气阻力,车门不会因空气旋流产生噪声,也便于自动洗车装置对车体的清洗。

二维码4

4. 外摆式车门

外摆式车门在开门时,通过转轴和摆杆使门叶向外摆出,并贴靠在车体的外墙板上,门关闭后门叶外表面与车体成一平面。这种车门结构的特点为当门在开启的过程中,门叶需要较大的摆动空间。

上述4种车门的性能比较,见表3-1。

单元三 车门结构

塞拉式车门在开关动作时，门叶借助车门上方安装的悬架机构和导轨导向作用，由电动机驱动机械传动机构使门叶沿着导轨移滑。

图 3-2 塞拉式车门

四种车门的性能比较 表 3-1

性能指标		塞拉式车门	外挂式车门	内藏嵌入式车门	外摆式车门
乘客舒适度指标	隔声	好	差	较差	较好
	隔热	较好	较差	较差	较好
	乘客候车区无障碍	较差	一般	一般	差
	开门速度	好	好	较好	较差
乘客安全性指标	夹手	有护指橡胶	有护指橡胶	有护指橡胶	有护指橡胶
	在事故中掉落门叶的风险	低	高	低	高
门系统特征	门系统首次使用费用	较高	一般	高	较高
	门系统的可靠性	一般	较高	高	一般
	车体内侧的有效宽度	一般	较差	差	一般
	可维修性	一般	较差	差	一般
	设计造型	流线型	凸出车体	凹进车体	流线型

课题二 车门编号及结构

一、车门编号

通常地铁列车每一节车厢的每一侧安装有 4 对（如北京地铁列车）或 5 对（如上海地铁 1 号线 DC-01 型电动列车）客室侧门。每个车门均有各自的编号，不同地铁线路的车辆，车门编号方法不同。下面以北京某线路地铁车辆为例，如图 3-3 所示。

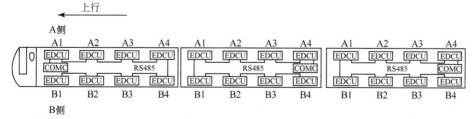

图 3-3 车门编号示意图

该地铁列车行车方向的右侧为 A 侧,行车方向的左侧为 B 侧,那么,Tc_1 车右侧第四个车门编号表示为 A04。不同车型车门的编号也会不同,例如南京地铁列车 Tc_1 车右侧第四个车门编号表示为 B04。

二、客室塞拉式车门

北京地铁某线路车辆客室塞拉式车门的主要技术指标有:每一节车厢每一侧有 4 对侧门;有效开度为 1300mm±4mm;门洞净开高度为 1800mm±10mm;驱动装置为电动机或气动驱动装置;传动机构为皮带或丝杠传动。

客室塞拉式车门主要有客室电动塞拉式车门和客室气动塞拉式车门两种。

1. 客室电动塞拉式车门的机械结构

客室电动塞拉式车门,由门体、EDCU 门控单元、电动机、丝杠传动装置、制动组件、导向装置、闭锁装置、车内和车外紧急操作装置、密封设施、防压装置、护指橡胶等组成。其机械结构,如图 3-4 所示。

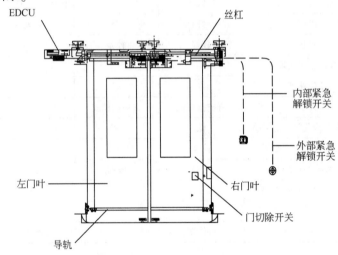

图 3-4 客室电动塞拉式车门的机械结构

(1)支撑元件。

①支撑梁和基座支架:整个车门的机械结构是通过基座支架安装在车体上;支承梁承担整个车门的质量,并且在门开关时保证门叶在车体侧平行滑动。

②滚轴/托架组件:滚轮通过滚珠轴承在支承梁上滑动,动力从机械装置传递到门叶,反之亦然。托架通过两个球面轴承与滚轮连接并以螺栓固定在门叶上。

知识链接

托架:为支承梁与托架间的平行度提供保证,因此它也承受所有的质量并在门叶与支承梁之间传递动力。

(2)塞拉门。

①门叶的移动受导轨的制约,上导轨装配在丝杠传动装置上,如图 3-5 所示,并使滚轮能够在导轨上滚动。

②下导轨装配在门叶上,其中一个滑轮杆连接在车体上与导轨一起起引导作用。

③这些导向元件只承受横向力,不承受纵向或垂直作用力。

(3)电动驱动元件。

①门的移动主要由一个带齿轮的电动机驱动。

②电动机驱动一个从动转轴(一半右手行程,一半左手行程)。

③转轴通过平行拉杆与滚轮连接,通过滚轮与托架带动门叶移动。

图3-5 丝杠传动装置

(4)自锁。

①在转轴凸沿上安装有一组飞轮/离合器装置。

②关门时该装置啮合,防止门被打开;开门时该装置由电磁阀释放。

③紧急操作时飞轮/离合器的释放可手动操作。

(5)制动装置。

①制动设备安装在每扇门叶后上方,对称设置一组。

②当门叶在关闭位置时与其啮合,防止门叶因为受可能的垂直向上的作用力而移动。

(6)紧急解锁开关(内部)。

紧急解锁开关是一个装在内侧墙上的手柄,用于紧急状况下手动解锁开门。

2.客室气动塞拉式车门的机械结构

客室气动塞拉式车门由门体、门框、驱动机构、承重机构、传动装置、导向装置、门锁、闭锁装置、车内和车外操作装置、密封设施、防压装置、活动脚蹬、气动元件及电控系统等组成。如图3-6所示。

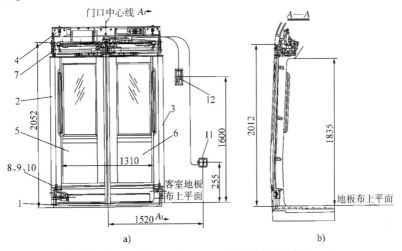

图3-6 客室气动式塞拉式车门的机械结构(尺寸单位:mm)

1-门槛;2-左立罩板;3-右立罩板;4-顶部机构;5-左门板;6-右门板;7-偏心轮;8-隔离锁开关;9-右滚轮摆臂;10-左滚轮摆臂;11-外部解锁机构;12-内部解锁机构

门体通常采用铝合金夹层结构,驱动装置为汽缸机构;一般开门时间单程为3~6s,门的运动速度由汽缸两端的节流阀调节。门的导向由上、下导轨实现。闭锁装置产生的机械闭锁力能保证在电气、压缩空气发生故障时车门不会自动开启,活动脚蹬与车门可联动,当车门关闭后,脚蹬翻起并与侧墙外表面平齐。

防挤压装置是防止列车关门时挤夹乘客而设置的,其防挤压动作压力不大于150N。防挤压功能在关门过程中,全关行程的98%范围内具有拉门遇障碍可自动返回功能,10s后再自动关闭。在紧急情况下,通过集中控制箱、本车三角钥匙开关或车门的按钮/电子钥匙来实现车门的手动开关。

3. 客室塞拉式车门的特点

(1) 客室塞拉式车门的优点如下:

①车体外形美观。由于塞拉式车门在关门状态时门板外表面与车体外表面平齐,在行车时空气阻力小,也不会因空气涡流而产生噪声。

②车内噪声小。塞拉式车门的密封性比外挂门、内藏门好,可以减少车内噪声。根据香港地铁的试验,与外挂门相比,采用塞拉式车门使车内噪声可降低2~3dB。

③节约车内空间。采用塞拉式车门能使车内有效宽度增加,节约空间,增加载客量。

(2) 客室塞拉式车门的缺点如下:

①结构复杂;成本及价格比外挂门高。

②故障率高。根据香港地铁提供的资料,采用外挂式车门的市区线车辆中,车门的故障占全车故障率的16%;而采用塞拉式车门的机场快线,车门的故障率为33%。

三、客室内藏嵌入式车门

客室内藏嵌入式车门有空气驱动和电动机驱动两种。在地铁电动客车中,国内外均趋向于采用空气驱动无声链条传动形式。其机械结构,如图3-7所示。

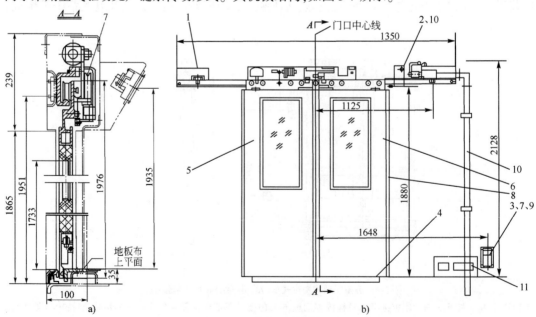

图3-7 客室内藏嵌入式车门的机械结构(尺寸单位:mm)

1-传动系统;2-内部紧急解锁装置;3-外部紧急解锁装置;4-踏板组成;5-左门板组成;6-右门板组成;7-钢丝绳;8-密封条;9-内、外部紧急解锁钥匙;10-管路系统;11-电磁阀装置

整个门系统由传动机构、门扇、驱动开关、隔离开关、机械锁钩、紧急缓解阀、双电控电磁阀、减压阀、风管路及电气安全锁闭电路等组成。

传动机构是最终正确执行门开闭动作的重要部件。传动机构由左门吊铁、右门吊铁、皮带轮、齿形皮带、行程开关、锁钩及锁钩风缸等部件组成。

门扇是由铝板、铝型材及铝蜂窝经过热压成形。门扇前后边缘装有防噪声的橡胶条,门扇下部装有耐磨导槽,门扇的弯曲度应与车辆侧墙的弯曲度相匹配。

驱动风缸安装在每对门扇上方,它具有双重活塞单向动作的功能;风缸由硬质铝合金缸筒、不锈钢活塞杆、大小活塞组及密封组件等组成。机械锁钩,由固定在左传动装置上的锁钩和解钩风缸组成。紧急缓解阀,由滚轮架、凸轮轴、钢丝绳、手把及安装角铁组成。

四、客室端门

端门有单开拉门和折页门两种。北京地铁客车的拉式后端门的具体结构,如图3-8所示。

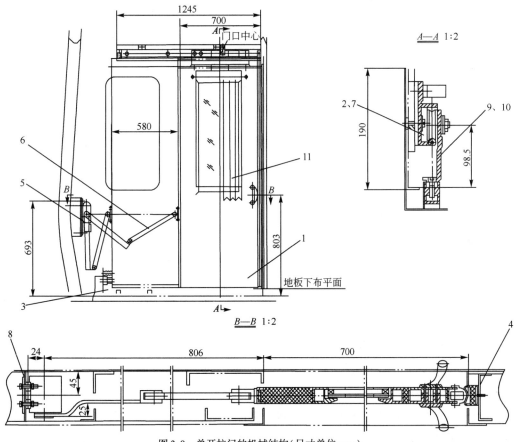

图3-8 单开拉门的机械结构(尺寸单位:mm)

1-后端门;2-上导轨;3-门挡;4-防风条;5-自动复位机构;6-连杆装置;7-整垫;8-调整垫;9-滚轮及承载部件组成;10-调节支架;11-窗帘

五、驾驶室侧门

驾驶室侧门是列车乘务人员上、下列车时使用的,通常采用折页门或内藏式手动移门。

采用折页门的驾驶室侧门,其有效开度为88°。门上设有半开式下拉窗和一把手动门锁。其具体结构,如图3-9所示。采用内藏式手动移门的驾驶室侧门,安装在驾驶室侧墙的夹层内,门扇密封并配有门锁。

六、紧急疏散门

地铁在地下运行一旦发生火灾或其他危险事故时,必须疏散车上的乘客,司机可打开端墙中间的紧急疏散门,引导乘客通过紧急疏散门走向路基中央;然后向两端的车站疏散。

紧急疏散门为可伸缩的套节式踏级板,两侧设有扶手栏杆,中间铝合金踏板上涂有防滑漆。门锁在驾驶室内或室外都可开启,一旦门锁开启,车门能自动倒向路基。紧急疏散门带有缓冲器,以防倒下的加速度过大而损坏疏散门装置。如图3-10所示。

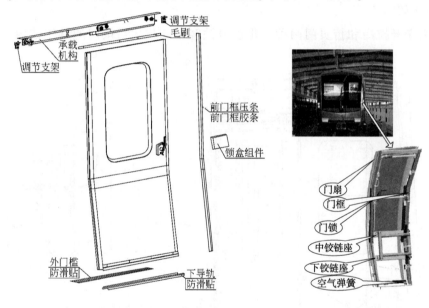

图3-9 驾驶室内藏式手动移门的结构　　图3-10 紧急疏散门结构

课题三　车门控制系统及操作

一、车门控制系统的分类

城市轨道交通车辆的车门控制系统,分为电控气动门控制系统和电控电动门控制系统。

(一)电控气动门控制系统

电控气动门控制系统,主要由车辆风源、调压器、风缸、气路控制阀和空气管组成;车辆风源由车下储风缸提供,供气压力为0.45~0.9MPa。气动控制系统示意图,如图3-11所示。

(二)电控电动门控制系统

电控电动门控制系统,主要由一个集控箱和车厢的单车电控系统组成。单车电控系统主要由门控器EDCU(图3-12)、传感器、操作元件、控制元件及电器等组成。每节车厢有4对侧门,4套侧门门控器,每一对侧门共用1套门控器。

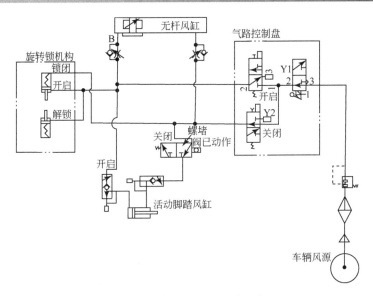

图 3-11　气动控制系统示意图

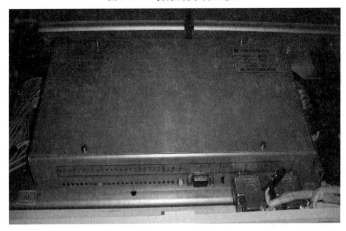

图 3-12　门控器 EDCU

二、车门控制系统的功能

车门门控系统的主要功能有:开/关门功能,包括车门开、关状态显示;开/关车门的二次缓冲功能;防夹人/物功能(障碍物探测重开门功能,当障碍物介于 10～200mm 时,车门探测三次后将保持再开启状况);车门故障切除功能;故障指示;自诊断功能;零速保护;车门紧急解锁功能(车内侧每个车门均设置手动门锁);车门旁路功能;乘务员钥匙开关功能(车外侧每辆车 A3、B2 门设置)。

三、车门的操作

(一) 车门的正常操作

1. 开/关门操作

车门的开启与关闭取决于"0 速度"、"开门"与"关门"列车线,如表 3-2 所示("0"表示不满足条件,"1"表示满足条件)。

表3-2

"0速"列车线	"开门"列车线	"关门"列车线	门的状态
0	0	0	关
0	0	1	关
0	1	1	关
0	1	0	关
1	0	0	关
1	0	1	关
1	1	1	关
1	1	0	开

(1)门的开启。门开启在"开门"列车线触发后：门开后，在未收到关门指令前，将一直停留在开启位置；在开门期间如果"开门"列车线撤销指令，门将开至开门位置并停留。

(2)门的关闭。在"关门"列车线触发3s后，门开始关闭。门关闭在"关门"列车线触发后：在关门期间如果"关门"列车线撤销指令，门将仍然关闭至关门位置；在关门期间如果"关门"列车线撤销指令，且"开门"列车线触发，关门动作将停止，1s后，门将开启。门关闭在"0速"列车线触发后："0速"列车线触发后门将立即被关闭。在没有ATP允许或ATP旁路的情况下，门不会再开启。

2.蜂鸣器

关门时一个声音指示器(车内扬声器)会提示乘客，此设备由音频设备驱动。"关门"和"开门"列车线激活后，提示音将持续3s。

3.告警指示灯

告警指示灯的各种功能如下：

(1)门在关闭位置时，告警指示灯不亮。

(2)门在紧急开启或关闭时，告警指示灯闪亮(1Hz)。

(3)开关门程序中，告警指示灯闪亮(1Hz)。

(4)门切除，告警指示灯不亮。

(5)障碍检测，在连续三次尝试关门后启动：告警指示灯常亮，直到重新发出开门-关门系列指令后，门将恢复正常工作。

(二)车门应急操作

1.手动开门操作

当自动开门不起作用时或在ATP模式下的开门示意图，如图3-13所示。其步骤如下：

(1)检查TOD，确认列车已对准停车标。

(2)确定有开门信号，HMI没有故障。

(3)将门选择开关，拨到手动位置。

(4)按相应的开门按钮开门。

单元三 车门结构

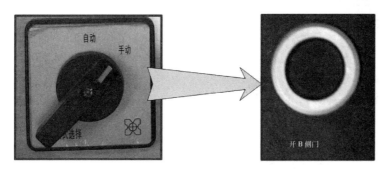

图 3-13　自动开门不起作用时或在 ATP 模式下的开门示意图

当自动开门不起作用时或在 ATP 模式停准后没有开门信号时,需要手动开门(图 3-14)。其开门步骤如下:

(1)检查 TOD,确认列车已停准。
(2)检查 HMI,确定没有故障显示。
(3)将门选择开关,打到手动位置。
(4)将要开门侧的门使能旁路开关,打到旁路位置。
(5)按相应的开门按钮开门(选择 A/B 侧门)。

图 3-14　手动开门操作步骤示意图

2. 紧急解锁装置

在紧急事件中,列车司机需手动开门,每节列车每扇门内部提供一套进入的紧急设备,每节列车提供两套从外部进入的紧急设备。内部紧急设备是一个带锁的曲柄,可由乘客手动操作,也可由司机用方孔钥匙操作外部的紧急设备。司机可在客室内使用方孔钥匙或手动使紧急设备复位。如图 3-15、图 3-16 所示。

图 3-15　客室内紧急解锁装置　　　图 3-16　客室外车门紧急解锁装置

注:司机在客室外复位车门紧急设备,只能使用方孔钥匙。

四、车门障碍物检测及故障模式

(一)车门障碍物检测

1. 关门时的障碍物检测

当障碍物检测启动时,关门作用力最大值(<300N)施加 0.5s。驱动电机空转 2s(不是切除),以使门可以手动移动后取出障碍物。若上述程序重复 2 次,而且在 3 次连续的关门工序中,门叶将返回到完全开启位置并停留。告警指示灯将提示司机此门有问题。在重新发出开门或关门指令后,门将恢复正常工作。

2. 开门时的障碍物检测

在开门时也提供障碍物检测。障碍物检测可被激活 3 次。障碍物检测延迟开门周期 2s。在第三次尝试后,门停留在此位置,EDCU(门控电子单元)认为此位置是门开最大位置,门在接收到"关门"指令后关闭。

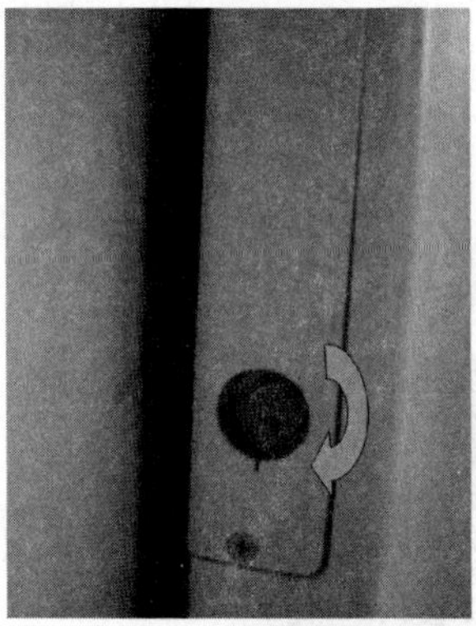

(二)故障模式

当司机想隔离某个车门,必须在手动门扳上门锁闭/切除开关手动将门切除。当门有故障时,可以通过门锁闭/切除开关手动将门切除。此时,车门即不可远程操作也不可本地操作。

EDCU(门控电子单元)故障后,RS485 的连接通过 TIMS 同其他 EDCU 连接。当车门由隔离位复位后,门处于开门状态。为了关闭故障门,一般给出开门指令(其他门也打开)后关门,使该门进行一个指令循环。如图 3-17 所示。

图 3-17 客室车门故障隔离操作示意图

单 元 练 习

一、选择题(不定项选择)

1. 下列城市轨道交通车辆车门系统中,属于按照驱动系统的动力来源分类的车门是(　　)。
   A. 电动式车门　　　　　　　　　　B. 内藏嵌入式车门
   C. 外挂式车门　　　　　　　　　　D. 塞拉式车门

2. 下列城市轨道交通车辆车门系统中,属于按照功能分类的车门是(　　)。
   A. 电动式车门　　　　　　　　　　B. 气动式车门
   C. 外挂式车门　　　　　　　　　　D. 客室车门

3. 在 4 种客室车门系统中,下列隔音效果最好的车门是(　　)。
   A. 外摆式车门　　　　　　　　　　B. 塞拉式车门
   C. 内藏嵌入式车门　　　　　　　　D. 外挂式车门

4. 在电动塞拉式车门的机械结构中,下列属于电动驱动元件的是(　　)。
   A. 闭锁装置　　　　　　　　　　　B. 门体
   C. 电动机　　　　　　　　　　　　D. 护指橡胶

5. 在内藏嵌入式客室车门的机械结构中,下列属于传动机构元件的是( )。
   A. 齿形皮带　　　　　　　　　B. 门扇
   C. 紧急缓解阀　　　　　　　　D. 隔离开关
6. 客室端门通常采用的门体形式是( )。
   A. 内藏嵌入式车门　　　　　　B. 塞拉式车门
   C. 外摆式车门　　　　　　　　D. 单开拉门
7. 紧急疏散门一旦门锁开启,车门能自动倒向( )。
   A. 站厅　　　　　　　　　　　B. 站台
   C. 路基　　　　　　　　　　　D. 车站出入口
8. 在电控气动门控制系统中,风缸为门体供气的压力一般在( )。
   A. 0.45～0.9MPa　　　　　　　B. 0.9～10MPa
   C. 4.5～9MPa　　　　　　　　D. 0.15～0.35MPa

二、判断题

1. 塞拉式车门的缺点在于不能有效节省车内空间而增加载客量。　　　　( )
2. 紧急疏散门为可伸缩的套节式踏级板,但两侧不设扶手栏杆,乘客应小心侧身通过。
　　　　　　　　　　　　　　　　　　　　　　　　　　　　　　　　( )
3. 车门门控系统不具有故障指示功能。　　　　　　　　　　　　　　　( )
4. 在开门期间,如果"开门"列车线撤销指令,门将开至开门位置并停留。　( )
5. 关门时,声音指示器(车内扬声器)会提示乘客注意安全,提示音将持续10s。
　　　　　　　　　　　　　　　　　　　　　　　　　　　　　　　　( )
6. 紧急解锁装置只在车辆外部设置,车内不设紧急解锁装置。　　　　　( )

三、简答题

1. 根据城市轨道交通自身的特点,车门应具有哪些要求?
2. 客室电动塞拉式车门由哪些部件组成?
3. 简述当自动开门不起作用时或在 ATP 模式停准后没有开门信号时,司机手动开门的主要步骤。
4. 简述在紧急事件中手动开门的具体操作步骤。

四、综合实训

1. 实训目标
(1)能够指认客室车门的结构;
(2)能够对客室车门进行功能检测。
2. 实训设备
城市轨道交通车辆的车门实训装置或模拟软件。
3. 实训内容
(1)对照实训设备及下图(客室气动式塞拉式车门的机械结构),指认客室车门的结构,并填写下表。

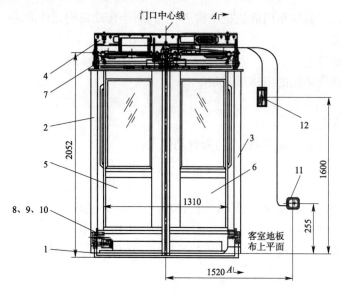

序　号	名　称	序　号	名　称
1		7	
2		8	
3		9	
4		10	
5		11	
6		12	

（2）操作实训设备完成对客室车门功能的检测，并填写下表。

序　号	任　务	操作过程	操作结果
1	开门操作		
2	关门操作		
3	内部紧急解锁		
4	外部紧急解锁		
5	开门障碍物检测		
6	关门障碍物检测		
7	门隔离		

单元四　车辆连接装置

学习导入

车辆连接装置位于列车的两节车辆之间,由车钩缓冲装置和车辆贯通道装置两部分组成。车钩缓冲装置是车辆最基本的也是最重要的部件之一,它是用来连接各车辆使之保持一定的距离,并且传递和缓和列车在运行中或在调车时所产生的纵向力或冲击力。车辆贯通道装置为一个整体,分别与(安装在相邻端上的)框进行锁闭连接,两车相挂时,为乘客提供安全通道,并可在车辆运行期间给乘客提供站立空间。

(1)车辆连接装置的作用及类型;
(2)全自动车钩、半自动车钩和半永久牵引杆的结构特点;
(3)贯通道装置的结构特点。

(1)能够准确描述车钩的联挂与解钩的操作程序;
(2)能够准确描述列车救援过程中的车钩联挂程序。

课题一　车辆连接装置的分类及结构

车辆连接装置,包括车钩缓冲装置和车辆贯通道装置。车钩缓冲装置的功能是实现车辆之间的编组连接并使之保持一定的距离、传递及缓和列车的纵向力;车辆贯通道装置的功能是使载客车辆之间连通,有效调节各客室的乘客分布,也便于紧急时疏散乘客。

一、车钩缓冲装置

车钩缓冲装置由车钩、缓冲器、电路联结器和气路联结器构成。车钩缓冲装置固定在车体底架上,通过它可以使调车机车与列车车辆或列车的车辆与车辆之间实现联挂。

车辆运行牵引、制动时发生的纵向拉力、压缩力经车钩、缓冲器,最后传递给车体底架的牵引梁。车钩用来保证各种车辆的连接,并且传递牵引力、制动力和其他纵向冲击力。缓冲装置用来缓解车辆的相互冲击,使车辆间保持一定的距离,并连接车辆间的电路和气路。车钩缓冲装置是车辆最重要的部件之一,其示意图如图4-1所示。

按照两车钩连接后在垂直方向能否彼此发生相对位移，车钩可分为非刚性车钩和刚性车钩。

（一）非刚性车钩

非刚性车钩允许两个相连接的车钩钩体在垂直方向上有相对位移。当两个车钩在联挂前的纵向中心线存在高度差时，两个车钩呈阶梯形状，并且各自保持水平位置。由于钩体的尾端相当于铰接，这就保证了车钩在水平面内可以产生角位移。如图 4-2a)所示。

图 4-1　车钩缓冲装置示意图

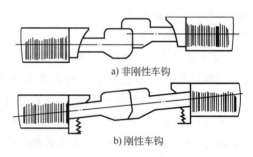

图 4-2　非刚性与刚性车钩

（二）刚性车钩

刚性车钩不允许两联挂车钩存在相对位移，如果在车辆联挂之前两车钩的纵向轴线高度已有偏差，那么在联挂后，两车钩的轴线处在同一条直线上并呈倾斜状态。两车钩钩体的尾端具有完全的铰接，这保证了两联挂车辆之间可以具有相对的水平和垂向角位移。如图 4-2b)所示。

城市轨道交通车辆一般均采用密接式车钩，密接式车钩是一种刚性车钩。我国北京和天津地铁采用的是密接式车钩缓冲装置，现在已广泛用于国产地铁列车中。国产密接式车钩的前端为钩头，它有一个凸锥体和凹锥孔，内部还有钩舌(半圆盘)。密接式车钩缓冲装置主要由密接式车钩、橡胶缓冲器、风管联结器和风动解钩系统等几部分组成。车辆联挂时，依靠两车钩相邻钩头上的凸锥和凹锥孔相互插入，起到紧密连接作用，同时自动将两车之间的电路、空气通路接通，并缓和联挂车辆之间的冲击作用。在两车分解时，亦可自动解钩，并自动切断两车间的电路和空气通路。它通过车辆之间以一定的相对速度相向运行并相互碰撞，使钩头的联结器动作，实现两车辆的机械、电气线路和空气管路的自动连接。密接式车钩在两联挂车钩高度有偏差时，以及在有坡度线路和曲线上都能安全地联挂；两车钩联挂后，钩头接触面之间不允许在水平和垂直地相对移动，且钩头接触面的纵向间隙应限制在很小的范围内。

密接式车钩按照牵引联挂装置的连接方式，可分为全自动车钩、半自动车钩和半永久牵引杆 3 种。

1. 全自动车钩

全自动车钩一般设置在列车端部，可以实现机械、气路和电路的完全自动联挂和解钩，或人工解钩。如图 4-3 所示。

全自动车钩由机械连接、电气连接和风路连接 3 部分组成。机械连接部分居中，电气连接箱分设在左右两侧，中心轴下方设有风路联结器。当车辆联挂时，车钩的机械、风路、电路系统都能自动连接;解钩时,可在驾驶室控制自动解钩或在轨道旁采用手动解钩。解钩后,车钩即处于挂钩准备状态;电气联结器通过盖板自动关闭,以防止水和尘土进入;主风管联结器也自动关闭,防止压缩空气泄漏。

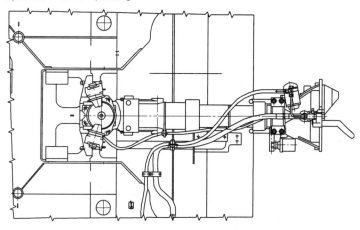

图 4-3 全自动车钩结构图

车钩机械连接部分由壳体、中心轴、钩舌、钩锁连接杆、钩锁弹簧、钩舌定位杆及弹簧、定位杆顶块及弹簧和解钩汽缸组成。

(1)壳体。壳体的前部一半为凸锥体、一半为凹锥孔,在连接时,相邻车钩的凸锥体和凹锥孔相互插入。

(2)中心轴。中心轴上固定有钩舌,钩舌绕中心轴转动可带动钩锁连接杆动作。

(3)钩舌。钩舌呈不规则几何形状,设有供连接时定位和供解钩汽缸活塞杆作用的凸舌以及钩锁连接杆的定位槽、钩嘴等,是车钩实现动作的关键零件。

(4)钩锁连接杆。钩锁连接杆在钩锁弹簧拉力作用下使车钩连接可靠。

(5)钩舌定位杆。钩舌定位杆上设有两个定位凸缘,使钩舌定位在待挂或解钩状态。

(6)定位杆顶块。定位杆顶块可以在联挂时顶动钩舌定位杆实现两钩的联挂。

2. 半自动车钩

半自动车钩一般安装在列车两单元之间,有时也设置在列车端部,可以实现机械和气路的自动连接与分离,但电路的连接和分离需要人工进行,以方便检修作业。如图4-4所示。

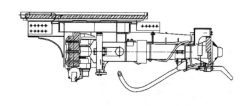

a) 实物图 　　　　　　b) 结构图

图 4-4 半自动车钩

3. 半永久牵引杆

半永久牵引杆如图 4-5 所示。图 4-5b) 中的 1 和 2，用于相邻两车辆之间的连接，并能承受拉伸和压缩负载。它确保了机械连接和车辆主风管的连贯性。并且装备使用了紧急制动的电气联结器。半永久牵引杆允许列车转弯时，车辆之间的高度不一致的情况。其机械、气路和电路的连接和解钩都需要人工操作，通过车钩连接套筒来实现，一般只在架修以上的作业时才进行分解。

a) 实物图

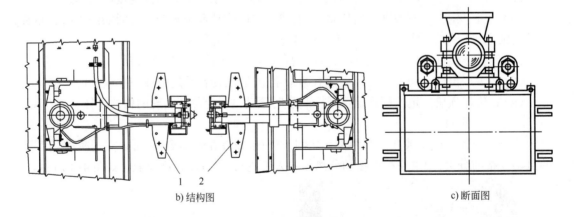

b) 结构图　　　　　　　　　　c) 断面图

图 4-5　半永久牵引杆

二、车辆贯通道装置

车辆贯通道装置，也称为风挡装置。它位于两节车厢的连接处，它能够使载客车辆之间连通，有效调节各客室的乘客分布，也便于紧急时疏散乘客；通过它还可以实现车辆之间的柔性连接，是车辆通过曲线线路时的关键部位。同时，车辆贯通道装置具有良好的防雨、防风、防尘、隔音和隔热等功能，如图 4-6 所示。

图 4-6　贯通道装置示意图

课题二　车钩的联挂和解钩操作

一、密接式车钩的联挂与解钩操作

两钩联挂时,凸锥插进对方相应的凹锥孔中,这时凸锥的内侧面在前进中压迫对方的钩舌转动,使解钩汽缸的弹簧受压,钩舌沿逆时针方向旋转40°。当两钩连接面相接触后,凸锥的内侧面不再压迫对方的钩舌,此时,由于弹簧的作用,使钩舌恢复到原来的状态,即处于闭锁位置。如图4-7a)所示。

两钩分解时,需由司机操纵解钩阀,压缩空气由总风管进入前车或后车的解钩汽缸,同时经解钩风管联结器送入相联挂的后车或前车解钩汽缸,活塞杆向前推并带动解钩杆,使钩舌转动至开锁位置,此时两钩即可解开。两钩分解后,解钩汽缸的压缩空气迅速排出,解钩弹簧得以复原,带动钩舌顺时针方向转动40°而恢复到原始状态,为下次联挂做好准备。如图4-7b)所示。

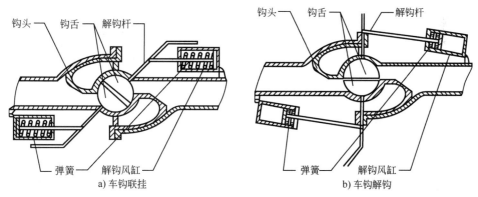

图4-7　密接式车钩的挂钩与解钩

知识链接

如果采用手动解钩,只要用人力扳动解钩杆,也能使钩舌转动至开锁位置,实现两钩的分解。

二、全自动车钩的联挂和解钩操作

全自动车钩有待挂、连接和解钩3种状态。

(1)待挂状态:为车钩连接前的准备状态,此时钩舌定位杆被固定在待挂位置,钩锁弹簧处于最大拉力状态,钩锁连接杆退至凸锥体内,钩舌上的钩嘴对着钩头正前方。如图4-8所示。

(2)连接状态:相邻车钩的凸锥体伸入对方车钩的凹锥孔并推动定位杆顶块,定位杆顶块推动钩舌定位杆离开待挂位置。由于钩锁弹簧的回复力使钩舌作逆时针转动,带动钩锁连接杆伸进相邻车钩钩舌的钩嘴,完成两钩的连接锁闭。这时,联挂两钩的钩锁连接杆和钩舌形成平行四边形;车钩受牵拉时,拉力由两钩锁连接杆均匀分担,使钩舌始终处于锁紧位置。当车钩受冲击时,压力通过两车钩壳体连接法兰传递。如图4-9所示。

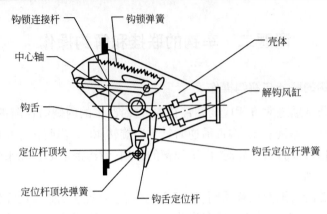

图 4-8 全自动车钩待挂状态

(3) 解钩状态：解钩可有两种方式进行，一种为气动解钩，另一种为人工解钩。如图 4-10 所示。

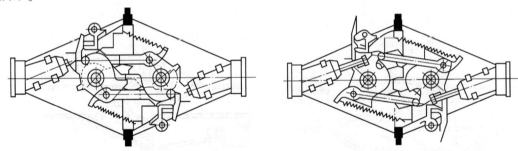

图 4-9 全自动车钩连接状态　　　　　　图 4-10 全自动车钩解钩状态

① 气动解钩：司机操作按钮控制电磁阀，使解钩汽缸充气，汽缸活塞杆推动钩舌顺时针转动，使相邻车钩的钩锁连接杆脱开钩舌。同时，使自身的钩锁连接杆克服钩锁弹簧拉力缩入钩头锥体内，脱离相邻车钩的钩舌。这时，定位杆顶块控制钩舌定位杆使钩舌处于解钩状态。当两钩分离后，定位杆顶块由于弹簧作用复位，钩舌定位杆回至待挂位，车钩又恢复到待挂状态。

② 人工解钩：当列车风管内无压缩空气时，可通过拉动连接在中心轴下端曲柄上的钢丝绳使钩舌转动，从而达到解钩汽缸使钩舌转动的相同效果。以后的解钩过程与气动解钩相同，但要注意拉钢丝绳时要两人同时拉相邻两个车钩的钢丝绳，这样才能使钩舌转动。

三、列车救援的车钩联挂操作

1. 救援列车实施车钩联挂的具体操作

救援列车从故障列车后面来，驾驶室定义如下：C1，故障列车前端当前驾驶室；C2，故障列车后端非当前驾驶室；C3，救援列车前端当前驾驶室；C4，救援列车后端非当前驾驶室。将 C1 车的模式开关 MS 和司机钥匙置于"OFF"位。故障列车处于紧急制动状态，C2 车的模式开关 MS 和司机钥匙置于"OFF"位。当两列车联挂在一起时，只有一个驾驶室激活，否则紧急制动不会缓解。

在 C3 车将模式开关 MS 置于"WM"位，慢慢移向故障列车直到车钩连接。此时紧急制动自动施加（待确认）。紧急制动安全回路在两列车中贯通。

然后,C3 车的司机将司机手柄 DCH 推至制动位,并按下紧急制动复位按钮。"所有制动施加"灯灭,"所有制动缓解"灯亮。使 MS 置于 RMF 位。使用司机手柄 DCH 牵引故障列车。

在曲线上进行列车车钩联挂操作时,如果列车在小半径曲线、过渡曲线或 S 曲线上联挂时,车钩的自动对中不能达到对中范围的要求,钩头部必须旋转一个不大于 20°的角度来实现钩头对中。

2. 列车救援的车钩联挂操作注意事项

在列车救援的过程中,救援列车首先应确定故障车辆的精确位置。救援列车开到故障列车准确位置后,应与故障列车保持安全距离。当救援列车确定现场情况安全,并可以实施与故障列车的联挂时,起动救援列车,并保持车速不超过 3km/h。在联挂过程中,密切观察车钩密贴面和解钩杆的钩接状态。在车钩联挂动作完成以后,救援列车应进行反向牵引测试,以确保与故障列车联挂操作完成。

在救援列车进行挂钩操作时,还应注意以下几点:

(1)一列故障列车只能由一列救援列车救援。

(2)操作者挂钩时必须有足够的安全距离(至少 1m),因车钩连接时,车钩可能摆动,而存在潜在的安全隐患。

(3)联挂和解钩操作时,司机必须加强观察,在确认没有人员站立在进行联挂的车辆之间或轨道上的前提下,方可操作。

(4)在联挂操作之前,还应使用公共广播告诉乘客并防止可能出现的险情。

课题三　贯通道装置结构特点

车体内部贯通道允许乘客从一节车厢自由地走到另一节车厢,并且使乘客感到安全和舒适。

贯通道主要包括连接框、与车辆的安装面、波纹折棚、机械手柄、锁杆和渡板。车厢内的渡板是个弹性单元,允许人员在两车连接处走动。车体内部贯通道由基座和车内过渡地板两部分组成,它们可以由中间分开,每平方米可以站 9 人。基座可以支撑一半的走道和乘客重量。车内过渡地板设计符合列车作任何运动的要求(如过曲线运动/反曲线/磨损/侧面运动);半个过渡地板是自动连接的,而内锁装置是人工机械的。如图 4-11 所示。

一个贯通道单元安装于每节客室车厢的端部,当两个相对的贯通道连接时,密封环境使乘客通行感到安全和舒适。

贯通道系统安装有标准的拉杆和闭锁系统,该拉杆和闭锁系统位于贯通道内侧并用杠杆联动。从车内用钥匙控制拉杆和闭锁系统一起联动,将相邻车辆的贯通道连接并锁闭在一起。

贯通道用螺栓与车端安装面连接。螺栓、顶部、底部或车辆安装面的任何一面穿过车辆。制造时,在贯通道的后面粘了 1 个密封圈,安装好后,形成了一个完整的屏障。

车钩上方的磨耗板面支撑着贯通道。连接在贯通道底部的低摩擦材料与车钩上面的钢材磨耗板接触,在过曲线时,它提供垂直支撑同时也允许横向移动。运行中,贯通道在结构控制下保持围绕在车钩上方的中心位置。

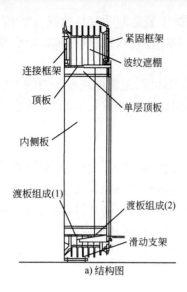
a) 结构图

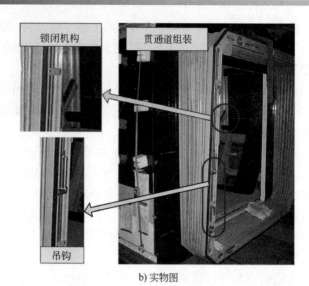
b) 实物图

图 4-11 贯通道

单 元 练 习

一、选择题(不定项选择)

1. 下列不属于车钩缓冲装置的构件是(　　)。
   A. 车钩　　　　　　　　　　　　B. 电路联结器
   C. 气路联结器　　　　　　　　　D. 贯通道

2. 下列(　　)不属于城市轨道交通车辆贯通道具有的作用。
   A. 连通载客车辆　　　　　　　　B. 能有效调节各客室的乘客分布
   C. 防雨、防风、防尘、隔音　　　D. 能连接相邻车辆间的电路和气路

3. 下列不属于密接式车钩的是(　　)。
   A. 全自动车钩　　　　　　　　　B. 半自动车钩
   C. 非刚性车钩　　　　　　　　　D. 半永久牵引杆

4. 全自动车钩一般可设置在下列(　　)车辆上。
   A. M_1　　　　　　　　　　　　B. Tc_1
   C. M_2　　　　　　　　　　　　D. M_3

5. 半永久牵引杆一般可设置在下列(　　)车辆上。
   A. Tc_1　　　　　　　　　　　　B. Tc_2
   C. M_2　　　　　　　　　　　　D. 工程车

6. 下列(　　)不属于全自动车钩联挂和解钩操作时的状态。
   A. 悬挂　　　　　　　　　　　　B. 待挂状态
   C. 连接状态　　　　　　　　　　D. 解钩状态

7. 下列说法错误的是(　　)。
   A. 在列车救援的过程中,救援车辆首先应确定故障车辆的精确位置

单元四 车辆连接装置

B. 救援列车应与故障列车保持安全距离

C. 可以实施与故障车辆的联挂时,救援列车应保持车速不超过 3km/h

D. 在联挂过程中,可不必观察车钩密贴面和解钩杆的钩接状态

8. 在曲线上进行列车车钩联挂操作时,车钩的自动对中不能达到对中范围的要求,钩头部必须旋转一个不大于(　　)的角度来实现钩头对中。

A. 30° B. 20°

C. 40° D. 50°

二、判断题

1. 车钩缓冲装置固定在车体底架上,通过它可以使调车机车与列车车辆或列车的车辆与车辆之间实现联挂。（　　）

2. 当车辆解钩时,只能在驾驶室控制自动解钩,不能采用手动解钩。（　　）

3. 半自动车钩只能实现机械和气路的自动连接与分离,电路的连接和分离需要人工进行。（　　）

4. 半永久牵引杆机械、气路和电路的连接和解车钩都需要人工操作。（　　）

5. 车钩连接时,车钩可能摆动,而存在潜在的危险和伤害,操作者挂钩时必须有足够的安全距离,至少 0.5m。（　　）

6. 当救援列车确定现场情况安全,并可以实施与故障车辆的联挂时,起动救援列车,并保持车速不超过 3km/h。（　　）

三、简答题

1. 车辆连接装置由哪些装置构成？并说明其具有哪些作用？

2. 简述密接式车钩的联挂与解钩作用原理。

3. 简述列车救援的车钩联挂操作注意事项。

四、综合实训

1. 实训目标

(1) 能够区别不同类型车钩的特点；

(2) 能够进行自动、手动解钩作业；

(3) 能够完成列车救援时车钩联挂的操作。

2. 实训设备

车钩缓冲装置实训设备、列车模拟驾驶器。

3. 实训内容

(1) 根据车钩缓冲装置实训设备或参照实际车钩,判断下表中不同车钩连接方式的区别。

序号	车钩类型	组成部分	连接方式
1	全自动车钩	机械	自动□　手动□
		电路	自动□　手动□
		气路	自动□　手动□

续上表

序号	车钩类型	组成部分	连接方式	
2	半自动车钩	机械	自动□	手动□
		电路	自动□	手动□
		气路	自动□	手动□
3	半永久牵引杆	机械	自动□	手动□
		电路	自动□	手动□
		气路	自动□	手动□

(2)根据车钩缓冲装置实训设备,完成自动解钩和手动解钩的操作。

(3)利用列车模拟驾驶器或车钩缓冲装置实训设备完成列车救援时的车钩联挂操作。

①根据实训过程,记录列车救援时的操作步骤;

②根据实训过程,分析列车救援时车钩联挂操作的注意事项。

单元五　转　向　架

转向架是城市轨道交通车辆的重要部件之一,对于轨道交通车辆的运行有着不可替代的作用。它的结构参数直接决定了车辆的稳定性和乘客乘坐的舒适性。它安装在车体与轨道之间,起到对整个车辆的承载、导向和减振作用;同时还是牵引与制动的最终执行机构,负责将列车的牵引力和制动力传递到车轮上。因此,对转向架的稳定性、可靠性、轻量化、可维护性等都有极高的要求。

知识目标

(1) 转向架的作用及组成;
(2) 构架的作用、结构特点和设计要求;
(3) 轮对装置的作用、组成及结构特点;
(4) 轴箱装置的作用、组成以及常见的定位形式;
(5) 弹性悬架装置的类型、作用及系统组成;
(6) 转向架传动部分的组成及结构特点;
(7) 中央牵引装置的作用及结构特点;
(8) 转向架制动部分的组成及结构特点;
(9) 转向架预防性维护的主要内容。

(1) 能够对照实物独立指认出转向架上各部件的名称;
(2) 熟悉转向架各部件的作用和结构特点;
(3) 能够对转向架做简单的预防性维护。

课题一　转向架概述

转向架是城市轨道交通车辆的重要走行部件,安装在车体与轨道之间,如图5-1所示。

转向架的基本作用是:支承整个车体,并引导其沿线路运行;承受并传递车体与轨道之间的各种载荷;缓和车体与轨道之间的各种冲击载荷;能将轮对的滚动转化为车体的平动,同时提高车辆通过曲线的能力。

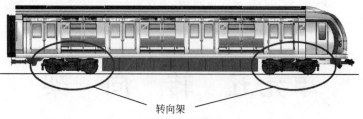

图 5-1 转向架

城市轨道交通车辆所采用的转向架,根据是否装有动力设备,一般分为动车转向架和拖车转向架两种。为了检修方便,满足相同部件的互换性,其基本结构相同,主要区别在于驱动系统。动车转向架由于要提供动力,通常配置牵引电动机、联轴器、齿轮箱、齿轮箱悬架装置以及动力轮对等。这也是动车转向架和拖车转向架的主要区别。

两种转向架的结构基本相同,一般由构架、轮对装置、轴箱装置、一系悬架装置、二系悬架装置、中央牵引装置等部分组成。另外,单元制动装置和空气管路也安装在转向架上,如图 5-2 ~ 图 5-4 所示。

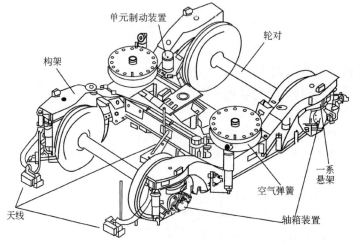

图 5-2 拖车转向架

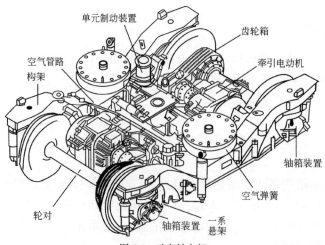

图 5-3 动车转向架

图 5-4 转向架实物图

课题二 转向架的基本组成

一、构架(相关教学资源见二维码5)

构架是转向架的基础,它把转向架的零部件组成一个整体,它是转向架其他各组成部件的安装基础。其作用是:承受并传递车体与轨道间的各种作用力。构架的设计要求是:构架部分尺寸精度要高,例如轮对定位;要便于各部件与附加装置的安装;要具有足够高的强度和刚度。构架主要是由左、右两根侧梁,一根或几根横梁组成的,整体为 H 形轻量化低合金高强度钢板焊接结构,如图 5-5 所示。侧梁是构架的主要承载梁,同时侧梁的结构确定了轮对的相对位置。横梁的作用主要是将两侧梁连接起来。

二维码5

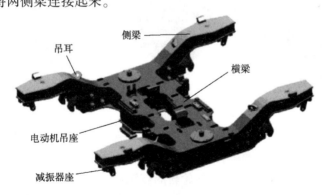

图 5-5 构架

构架同时为不同转向架的副系统提供接触面和附加装置点。在转向架和轮对之间,位于侧梁端部下面的是一系悬架安装面。在转向架和车体之间,位于侧梁中心和牵引中心端部的是二系悬架安装面。

构架主要由 P275 NL1 钢板组成。大量的铸造和锻造部件通过电焊焊接在构架上,这些部件一般有:吊耳、一系和二系减振器座、一系垂向止挡、电动机吊座和齿轮箱吊座、踏面制动单元安装座、转向架和车体连接部位。焊接后,构架机加工前应退火消除应力,抛丸后须用环氧树脂油漆进行防腐保护。

二、轮对装置

轮对(图5-6)是由一根车轴和两个同型号车轮过盈配合组装而成。它的作用是引导车辆沿线路运行,并且承受车辆与钢轨之间的各种载荷。因此,轮对应具有足够的强度和刚度,以保证车辆的安全运行。同时,在保证强度和使用寿命的前提下,应尽量减轻轮对的质量,并使其具有一定的弹性,以减少车轮与钢轨之间的动作用力和磨耗。

轮对的内侧距指的是左右轮对的内侧面的距离,它是车辆运行安全的一个重要参数。我国地铁车辆的轮对内侧距标准为1353±2mm。另外,轮对的设计还应有利于车辆顺利通过曲线和安全通过道岔。轮对内侧距过大会导致轮缘异常磨耗,且车辆过道岔时外轮轮缘可能爬上辙叉心导致脱轨;轮对内侧距过小,车辆易发生蛇形运动,且在通过曲线时易发生脱轨。

车轴采用A1N碳钢的全机加工车轴。车轴轮座应比设计直径尺寸大5mm的余量,这种在直径上材料余量的保留为配置车轮时不至于破坏车轴。所有车轴的轴颈直径均为120mm。车轴轴身表面应涂刷双组分的环氧防腐面漆。

目前我国城市轨道交通车辆普遍采用整体碾钢轮,它一般由踏面、轮缘、辐板、轮毂4部分组成(图5-7)。车轮材质为R9T的整体辗钢轮,新轮直径为840mm,全磨耗时为770mm,这就为车轮直径提供了70mm的磨耗量。车轮的镟修极限,是通过刻在轮缘外侧面上的一道凹槽指示出来的。车轮是通过压力安装在车轴上的,并通过一个位于轮毂上的注油孔加注压力油可以把车轮从车轴上退出。

图5-6 轮对

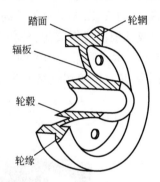
图5-7 车轮的组成

车轮与钢轨的接触面,称为踏面。轮对踏面应具有一定的斜度,也称为锥形踏面。其作用为:直线运行时,轮对能自动调中;曲线运行时,能够减少轮轨之间的滑动;运行时车轮与钢轨接触的滚动直径在不断地变化,致使轮轨的接触点也在不停地变换位置,从而使踏面磨耗更均匀。除了锥形踏面外,在研究轮轨磨耗基础上又提出了磨耗形踏面。实践证明,锥形踏面车轮的初始形状,运行中将很快磨耗。当磨耗成一定形状后,车轮与钢轨的磨耗都变得缓慢,踏面形状将处于相对稳定状态。如果新造轮踏面制成类似磨耗后相对稳定的形状,即磨耗形踏面,在相同的走行里程下,可明显地减少踏面的磨耗量,延长了轮对的使用寿命,减少换轮、镟轮的工作量,其经济效益十分明显。磨耗形踏面可减小轮对接触应力,提高车辆运行的横向稳定性和抗脱轨安全性,目前在地铁车辆上已广泛使用。

由于车轮踏面有斜度,各处直径不同,因此根据国际铁路组织规定,在距轮缘内侧70mm

处测量所得的直径为名义直径,作为车轮的直径。轮径小,可降低车辆的重心,增大车体容积,减小车辆簧下质量,缩小转向架固定轴距,但也有阻力增加,轮对接触应力增加,踏面磨耗加快等不足之处。

三、轴箱装置

轴承与轴箱的组合体,称为轴箱装置。轴箱装置的作用:将轮对和构架连接在一起;将轮对的滚动转化为车体的直线运动;润滑轴颈,减少摩擦,降低运行阻力;将车辆质量及各载荷传给轮对。轴箱装置一般由轴箱盖、防尘挡板、滚动轴承、密封圈、轴箱体等部件组成,如图 5-8 所示。

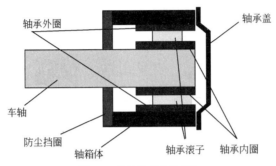

图 5-8 轴箱装置的示意图

车辆用轴承一般有滑动轴承和滚动轴承两种,与滑动轴承相比,滚动轴承的优点有:显著减小车辆的起动阻力和运行阻力;减少轴承维护和检修工作量,节约成本。约束轮对与轴箱之间相对运动的机构称为轴箱定位装置,它对提高转向架的横向动力性能、抑制蛇形运动具有决定性作用。常见的形式有:层叠式橡胶弹簧定位装置(图 5-9)、导柱定位装置(图 5-10)。

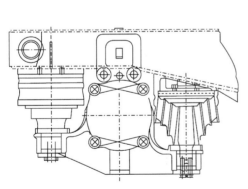 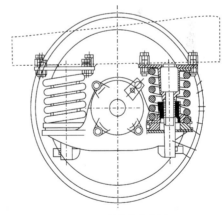

图 5-9 层叠式橡胶弹簧定位装置　　图 5-10 导柱定位装置

四、弹性悬架装置

弹性悬架装置安装在轮对轴箱装置与构架之间(一系悬架)和构架与车体之间(二系悬架),如图 5-11 所示。弹簧悬架装置的基本作用为:缓和并减少车辆行驶时的振动和冲击;控制车体的侧滚振动;控制车厢地板面与轨面的高度,以提高车辆运行的平稳性和舒适性,同时降低车辆行驶时的噪声。

1. 一系悬架

一系悬架提供的是轮对和转向架构架之间的连接。它传递的是轮对和转向架之间的驱动力和制动力，同时提高轮对刚度并确保转向架动态性能稳定。

以常见的转臂式悬架（图5-12）为例，其垂向刚度是由两个位于转臂和转向架侧梁之间的，并位于车轴中心线之上的两个螺旋弹簧提供。横向和纵向刚度则由位于转向架构架定位转臂里的转臂节点内的弹性衬套提供。定位转臂位于轴箱上面，与一系悬架支撑座连接。一个垂向减振器安装在一系悬架支撑座端部和转向架构架端部，并提供减振功能。

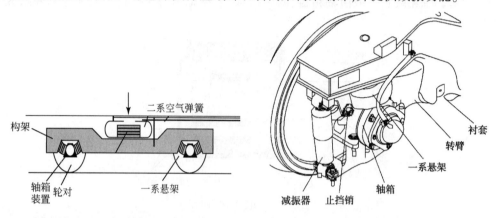

图5-11 弹性悬架装置的示意图　　　　图5-12 转臂式悬架

一个弹性防碰撞止挡安装在螺旋弹簧里面，以限制转向架向下运动。转向架的向上运动，则由与定位转臂端部接触的止挡销来限制。同时，当转向架被提起时轮对与构架也能维系在一起。根据转向架类型，用调整垫片安装在上弹簧座上以弥补不同的轴重并确保转向架水平。除了调整垫的厚度不同外，所有转向架的一系悬架是一样的。另外，常见的一系悬架还有人字形层叠橡胶悬架和圆锥层叠橡胶悬架等类型。图5-4所示的转向架一系悬架，采用的是圆锥层叠橡胶悬架。

2. 二系悬架

目前大多转向架的二系悬架都采用空气弹簧悬挂装置。其优点如下：能够大幅度降低车体的振动频率；可根据车辆性能的需要，设计其弹性特性；使空车和重车状态的运行平稳性保持一致；能够使车体在不同静载荷下，保持高度基本不变；可取消传统的摇动台装置，简化了结构；具有良好的吸收高频振动和隔音性能。空气弹簧悬挂系统主要由空气弹簧、高度控制阀、差压阀、节流阀和附加空气室组成，如图5-13所示。

如图5-14所示，两个空气弹簧位于转向架和车体之间，并承受车辆质量。空气弹簧的充气来自装在车体下的空气压缩机，经过管阀系统，最终通过位于空气弹簧上盖板的进气孔进入弹簧。每个空气弹簧有一个金属-橡胶一体的用来在泄气情况下应急的弹簧。空气弹簧的压力自动增加和降低与车辆的乘客质量有关，此外还确保车体相对转向架构架的高度。

两个对角安装的竖向减振器位于转向架构架和枕梁之间。减振器使用的是弹性节点连接，以确保转向架和车体之间的相对运动。

一个横向减振器，安装在转向架构架和中心销之间。横向减振器也是使用弹性节点连接，以确保转向架和车体之间的相对运动。

单元五 转向架

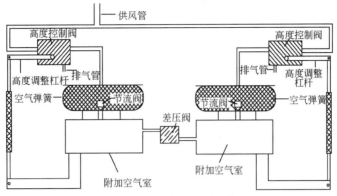

图 5-13 空气弹簧悬架系统示意图

抗侧滚扭杆是用来限制车体侧滚运动的,它通过位于转向架下面的轴承座与构架相连,通过连杆与车体相连。车体的侧滚运动能引起抗侧滚扭杆扭曲,但是扭杆抑制这种运动,因此能削弱侧滚运动。

为了弥补车轮磨耗,在空气弹簧和转向架构架之间安装有调整垫。当车轮磨耗直径减小时可重新调整垫片厚度,以保持车身的高度。

车体装有空气源和高度阀,确保空气弹簧的高度。两个高度阀通过调节杆来连接车体和转向架。

空气弹簧主要分为膜式和囊式两大类。膜式又分为约束膜式和自由膜式,后者应用广泛。空气弹簧主要由上、下盖和橡胶囊组成,它的密封要求非常高,常用的有压力自封式和螺钉紧封式两种。

高度控制阀能够根据载荷的变化自动保持车体的高度,以减少车辆通过曲线时的倾斜度。车辆正常行驶时,高度控制阀是不起作用的。

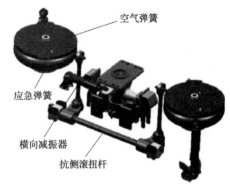

图 5-14 空气弹簧悬架

装在两附加空气室之间的差压阀能够保持左右弹簧的压差,防止车体过量倾斜。另外,一侧气囊破裂,另一侧空气也泄出,能够保证车辆安全运行。一般情况下差压阀两侧的允许压力差有 100kPa、120kPa、150kPa 三种,在条件允许情况下尽可能选择压差较小值。

装在空气弹簧下方的附加空气室,能够降低空气弹簧的垂向刚度,提高车辆运行的舒适性,另外节流阀能够吸收垂向振动能量。通常构架侧梁中部设计成空心,可兼作附加空气室,另外节流阀则安装在贯通两侧梁的横梁内部。

空气弹簧悬架系统自动调节车辆高度的原理,如图 5-13 所示。车辆静载荷增加时,空气弹簧被压缩使空气弹簧工作高度降低,这样高度控制阀随车体下降,由于高度调整连杆的长度固定,此时高度调整杠杆发生转动打开高度控制阀的进气机构,压力空气由供风管通过高度控制阀的进气机构进入空气弹簧和附加空气室,直到高度调整杠杆回到水平位置即空气弹簧恢复其原来的工作高度;车辆静载荷减小时,空气弹簧伸长使空气弹簧的工作高度增大,高度控制阀随车体上升,同样由于高度调整连杆的长度固定,高度调整杠杆发生反向转动打开高度控制阀的排气机构,压力空气由空气弹簧和附加空气室通过高度控制阀的排气机构排气口排入大气,直到高度调整杠杆回到水平位置。

3. 抗侧滚扭杆

扭杆弹簧用于控制车辆的侧滚运动,也称为抗侧滚扭杆。扭杆弹簧主要由摆臂、扭杆、支承座组成,如图5-15所示。

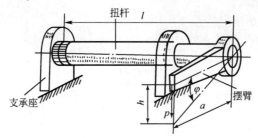

图5-15 抗侧滚扭杆

当车辆发生侧滚运动时,扭杆弹簧能产生扭转变形,缓解车辆的侧滚运动。当摆臂受力转动时,扭杆产生扭转变形;当摆臂受力撤除时,扭杆变形消失,扭杆两端支承在装有关节轴承的支承座内。

4. 减振器

转向架的减振器能够衰减车辆的振动能量,提高车辆的舒适性。城市轨道交通车辆一般都使用液压减振器,其主要利用液体黏滞阻力所做的负功来吸收振动能量。减振器为免维修部件,又有寿命限制。

二系垂向减振器装在转向架横向轴线两侧,左右各分布一个。它连接于转向架和车体之间。它的端部装有弹性节点允许车体和转向架之间有一定的位移。二系横向减振器位于转向架和与车体连接的中心销之间。在其端部装有允许车体和转向架之间有位移的弹性节点。

五、转向架传动部分

转向架传动部分包括牵引电动机、联轴器和齿轮箱。如图5-16所示。

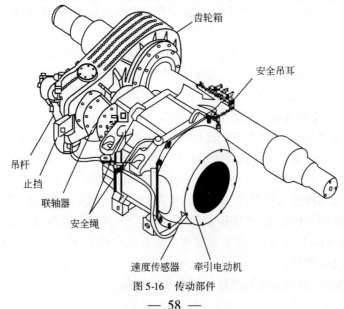

图5-16 传动部件

1. 牵引电动机

转向架的动力来自横向装在转向架构架横梁上的阿尔斯通的 4LCA 2138 型牵引电动机。电动机是振动部件,一旦电动机发生意外,在电动机和转向架横梁上的安全吊耳之间有安全绳以阻止电动机掉在轨道上。

牵引电动机装有一个传输电动机速度信号给转载车体上的列车控制和监测系统的传感器。电动机旋转速度为 80km/h,相当于新车轮 3506r/min 或全磨耗车轮 3825r/min。

每个电动机装有一个速度传感器,其整体电缆沿着转向架横梁上升至与车体相连。

2. 联轴器

动力是通过一个弹性联轴器由电动机传给齿轮箱。联轴器包括两半部分,每半部分压装在电动机或齿轮箱的锥状轴上。联轴节上的弯曲齿的分布,可以调节电动机和齿轮箱之间任何方向上的相对运动。联轴器的两半部分,由螺栓连接在一起并很容易分开。联轴器是油脂润滑,不需要任何其他特殊维护。

3. 齿轮箱

齿轮箱是一个传动比为 6.9547:1 的二级减速齿轮箱。它由球墨铸铁制造,并有一垂直分界线。其安装在车轴上的并通过一根两头装有弹性节点的吊杆与构架横梁相连。吊杆的作用是承受由于牵引、制动、电流短路引起的最大转矩,振动和由于轮轨接触引起的机械冲击等引起的作用力。吊杆内的弹性节点在齿轮箱相对构架和轮对的运动调整允许一定的位移。

齿轮箱装有经渗碳处理的螺旋齿轮,该齿轮是一种特殊的外形修正性能以使齿轮箱噪声降至最小。齿轮和轴承是由齿轮箱中装有的润滑油通过一个油路通道系统飞溅起来润滑的,齿轮箱装有一个磁性的排油塞和一个有水平油尺油量计的注油塞。一旦齿轮箱发生意外,齿轮箱可以与安装在转向架构架上的安全止挡接触以阻止齿轮箱绕着车轴旋转。

六、中央牵引装置

中央牵引装置的基本作用是:传递纵向的驱动力和制动力;缓和车体的纵向振动。其基本要求是:在结构上便于车体与转向架的拆装;相应添加的部件不能增加作业工时。中央牵引装置一般由牵引梁、中心销、止挡、牵引叠层橡胶、牵引拉杆、横向缓冲橡胶等部件组成,如图 5-17 所示。

中央牵引装置的结构特点:中心销的上端用螺栓固定在车体枕梁上,下端插入牵引梁的中心孔内。中心销底部设有止挡,可以限制车体的上升,并能在检修时保证转向架与车体一起吊起。牵引梁与构架横梁之间装有牵引叠层橡胶。牵引叠层橡胶的特性是纵向较硬,横向较软。牵引拉杆主要传递列车运行时的牵引力和制动力。横向缓冲橡胶装在构架侧梁上,与牵引梁两端面间隙为 10mm 左右。车体可以在此间隙范围内自由摆动,当振幅超过此间隙范围时,横向缓冲橡胶开始起作用。在横向缓冲橡胶初始压缩时弹性特性很柔软,其后稍硬,刚度随振幅增大而增加。

七、转向架制动装置

每个转向架的制动由 4 个电控气动的闸瓦制动单元提供,每个轮对都配有一套单元制动装置。这些单元制动装置布置在轮对的内侧,用螺栓安装在转向架构架上。轮对和闸瓦间隙通过与制动单元一体的自动吸收设备进行补偿。

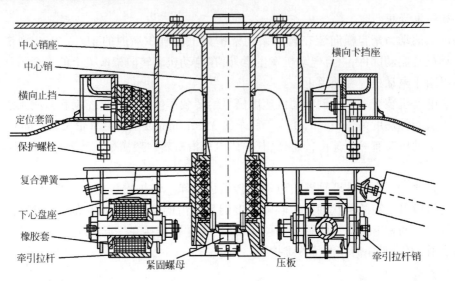

图 5-17 中央牵引装置

每个转向架上装有两个与闸瓦制动单元串联的用于列车停放制动的机械弹簧制动缸。列车断电后风缸压力下降到一定值时,停放制动自动施加;通电后,空压机工作,风缸压力上升到一定值时,停放制动自动缓解。此过程类似汽车上的驻车制动,但要注意和列车保持制动的区别。如果供气失败,停车制动也可通过设在转向架一侧的手动缓解拉钩进行人工缓解。

如图 5-18 所示,空气供给制动是来自车体到达转向架的一侧,它通过两个独立的不锈钢空气管路供给常用制动和停放制动。供给常用制动的空气是通过直径为 21.3mm 的管路,经过制动阀以单独达到对每条轮对的控制。供给停放制动的空气是直接通过直径为 17.2mm 的管路。不锈钢制动管是通过焊接在构架上的滑槽且不同部位的制动管,是通过螺栓连接固定的。除了转向架横梁上的制动阀电源缆线及附属外,所有转向架的制动安装基本是一样的。

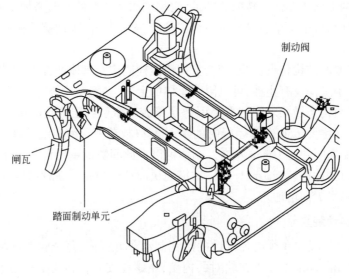

图 5-18 单元制动装置

八、其他设备

1. 车轮滑动保护系统(WSP)

如图 5-19 所示,每个转向架车轴端部都装有一个在制动时防止车轮滑动的 WSP 系统。该系统包括一个安装在车轴端部的齿轮,安装在轴箱前盖上的 WSP 探头和与车体连接的电缆。每一次一个轮齿通过前面的探头时就产生一个信号,信号的频率与车轮速度是成比例的。探头和齿轮是不接触的。轴箱前盖上的堵塞,是用来检查探头和齿轮之间的间隙的。探头的电缆是经转向架构架并在转向架中部上拉到车体上的。

2. 搭铁回路单元

如图 5-20 所示,除了拖车转向架车轴内部外,在每根车轴端部都装有一个搭铁回路单元。搭铁回路单元应保证在安装部件(转向架构架)和旋转部件(车轴、车轮)接触之间电流的连续性,这样就能确保车体残余电压与轨道一致。通过回路直接传输给车轴,接地单元对轴承的保护起到了简单和有效的作用。

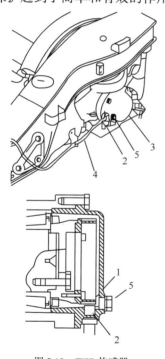

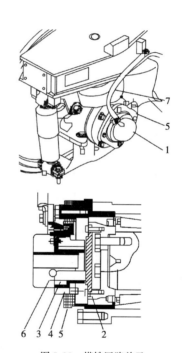

图 5-19 WSP 传感器
1-齿轮;2-WSP 探头;3-轴箱前盖;4-电缆;5-堵塞

图 5-20 搭铁回路单元
1-搭铁回路单元;2-铜盘;3-碳刷;4-支架;5-绝缘板;
6-弹簧;7-搭铁电缆

搭铁回路单元包括一个安装在车轴端部的铜盘,装在支架内的碳刷。通过一个绝缘板使轴端部与电流隔离,用弹簧使碳刷与铜盘接触。一个接触片与碳刷支架接触,并确保与搭铁回路单元和转向架构架之间的搭铁电缆相连。这样,电流就通过车轴和车轮直接传到钢轨上而不经过轴承。除使用的电刷数量不一致外,所有类型转向架的搭铁安装是一样的。

3. 自动列车控制(ATC)脉冲发生器(速度传感器)

如图 5-21 所示,每个端部拖车转向架车轴装有一个 ATC 脉冲发生器,用来给车载 ATC

系统提供列车速度信号。脉冲发生器的功能,与 WSP 探头的功能几乎一样。一个安装在车轴端部的齿轮旋转在装载轴箱前盖上的探头前面。每次一个轮齿通过探头前就发生一个信号,信号的频率与车轮的速度是成比例的。在探头和轮齿之间是不接触的。在轴箱前盖上有一个堵头,用来检测齿轮和探头之间的间隙。如有必要,可以在探头夹下面安装调整垫来调整间隙。探头电缆安装在转向架构架侧梁边,然后直接上升与车体相连。

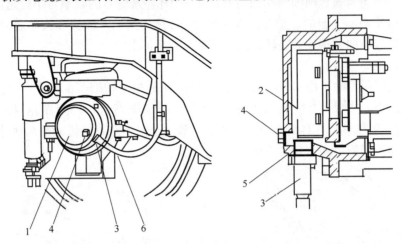

图 5-21　ATC 脉冲发生器速度传感器

1-ATC 脉冲发生器;2-齿轮;3-探头;4-堵头;5-调整垫;6-探头电缆

4. ATC/ATP 接收盘

如图 5-22 所示,两个 ATC/ATP 接收盘安装在转向架前端部装有的支撑臂上。

接收装置,为车载控制和监测系统提供列车位置信息。在支撑臂端部上的托架上开有一系列孔,以保证在车轮运行变化时天线调整高度。天线电缆与支撑臂相连,然后直接向上与车体相连。

5. 轮缘润滑器

轮缘润滑器系统,如图 5-23 所示。它由装在轴箱上的支架上的滑块盒里的滑块提供润滑,在滑块盒内的弹簧抵着滑块与轮缘接触。当滑块磨耗完时,我们可以通过盒子的后部补充滑块。

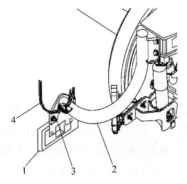

图 5-22　ATC/ATP 接收盘

1-ATC/ATP 接收盘;2-支撑臂;3-托架;4-天线电缆

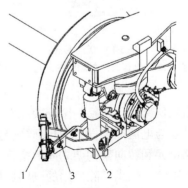

图 5-23　轮缘润滑器

1-弹簧;2-支架;3-滑块

课题三 转向架预防性维护的主要项目

一、转向架外观检查

从转向架的底部到两侧进行外观巡查,如发现显而易见的损坏,则应立即采取措施以保证各部件的安全。

检查部件的腐蚀状态。如果在部件上发现腐蚀,则用砂纸除去腐蚀或采用等同的方法重新进行防腐保护。

二、车轴外观检查

如图 5-24 所示,检查车轴如果发现区域(A)、(B)的腐蚀、凹痕、刻痕和缺损,则应及时报告,并及时分析原因。

(1)在车轴轴身上 <1mm 深度的凹痕,可以用粗砂纸打磨除去,注意要按纵向方向(沿着车轴中心线)打磨。打磨后用磁粉对相关区域进行检测,不允许有裂纹产生。

(2)如果发现在车轴轴身上的磕碰印痕超过 1mm 深,则应更换轮对。

(3)在过渡圆弧处,不允许出现磕碰。如果在这个区域发现磕碰,则应更换轮对。

(4)车轴裂纹检查,在过渡圆弧处要仔细检查,如果发现裂纹,则应更换轮对。

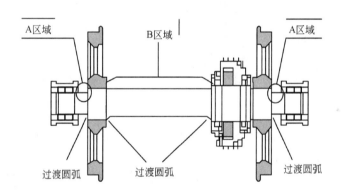

图 5-24 车轴外观检查

三、车轮检查

注意当执行车轮检查程序时,所有有损坏和磨耗报告的车轮是不能使用到车辆上的,直到所有损坏和磨耗的车轮已得到评估和修正才能使用。在车轮轮毂上检测到放射状裂纹,可能削弱车轮在车轴上的夹紧力(例如,腐蚀赃物,车轮扭曲迹象)。如果对裂纹的存在有怀疑,可以进行磁粉探伤检查。一旦发现任何反常迹象就应该拆卸轮对。确保注油孔内的堵塞密封完好,如果丢失,则应清洁注油孔安装一个新的堵塞并密封。要仔细检查车轮轮缘、踏面的破损,比如磨平、裂纹、剥离、踏面翻卷和其他破损。如图 5-25 所示。车轮检查分以下几个方面:

(1)检查车轮踏面金属是否鼓起。如果金属鼓起厚度超过1mm 或长度超过60mm,车轮就必须退卸或更换轮对。

图 5-25 车轮圆周面的破损

（2）检查车轮踏面是否磨平。测量由于温度升高导致的任何变色和轮缘外侧间发现的磨平长度。如果这种磨平只发现于一个车轮，检查同一条车轴上相对的另一车轮。如果长度超过 40mm 则更换车轮，否则在转向架投入运行之前镟修车轮。如图 5-26 所示。

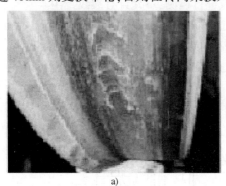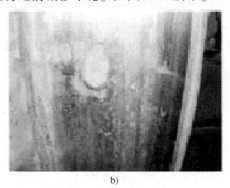

图 5-26 车轮磨平

（3）检查车轮踏面是否剥离。如果最长的剥离长度超过 20mm 和深度超过 1mm，车轮就必须退卸或镟修轮对。如图 5-27 所示。

图 5-27 车轮剥离

（4）仔细检查轮缘踏面圆周边缘的尖锐卷边和凹槽。若凹槽深度超过 2mm，车轮则须退卸。仔细检查制动闸瓦的状况，检查闸瓦和车轮之间的金属包含物或踏面金属残骸。如图 5-28 所示。

(5)仔细检查车轮踏面圆周围的凹槽或波动(外形像波状凹进)。若深度超过5mm,车轮则须退卸并仔细检查制动闸瓦状况。

(6)仔细检查车轮轮辋的过热迹象。如果车轮有过热或是当制动事件被报告后出现异常过热迹象,就必须测量车轮内侧距。在轮对空载条件下,测量值在1353～1355mm之间时,就要与轮对内侧距初始值比较。在空载条件下,车轮位移量不得超过0.5mm。如图5-29所示。

(7)在车轮退卸操作时,应检查轮对内侧距。

图5-28 车轮刻痕和凹槽

注:车轮对空载下的测量值为1353~1355mm。

图5-29 车轮内侧距

四、轴箱外观检查

轴箱外观检查分以下几个方面:

(1)检查轴箱是否有过热迹象(例如,由于过热发生变色、油漆成片状、润滑油泄漏等)。一旦发现过热现象,则从运行的车辆中拆卸下轮对。

(2)检查油脂遗失迹象。若是干燥的油脂则可能表明是在试运行时过多的油脂被排出的结果,清理油脂后继续跟踪。若油脂是潮湿的,这种迹象一旦发现则从运行的车辆中拆卸下轮对。若在轴箱和前盖中发现油脂泄漏,则应更换前盖密封圈。

五、构架检查

构架检查,主要是仔细检查其显而易见的机械性破损,包括腐蚀和杂质,并除去一切腐蚀物后重新进行防腐保护。同时,除去转向架上任何杂质。仔细检查焊缝有无裂纹迹象,如有怀疑,在可疑区域进行无损检测,并及时报告发现的任何异常情况。

六、传动部件检查

传动部件检查分以下几个方面:

(1)仔细检查齿轮箱的密封和盖子上的紧固件及过热迹象。

(2)仔细检查齿轮箱壳体的撞击破损。

(3)检查齿轮箱润滑油的泄漏。如有怀疑,允许列车停留至少5min以使用油量表来检查油面。加油是必需的,但不得溢出齿轮箱。

(4)检查吊杆和安全止挡的目前状态;检查吊杆端部节点的状态。

(5)检查电动机支撑的目前状态,检查电动机速度传感器与电动机外壳和转向架构架是否安全连接,传感器电缆有无破损迹象。

(6)仔细检查柔性联轴器有无油脂漏出,若在联轴器的两个半部发现有泄漏的迹象,则应正确扣紧捆绑。

(7) 仔细检查联轴器有无异常运转,比如过热或紧固件丢失;及时报告发现的任何异常情况,必要时整套更换联轴器捆紧装置。

(8) 目测电动机速度探头和电缆,看有无破损迹象。

七、一系悬架检查

如图5-30所示,目测轴箱定位转臂上的裂纹。若有可疑点,则在清洁后进行彻底的检查;若发现裂纹,则从运行的车辆中拆卸下该转向架。目测位于弹簧中心的弹性止挡状态,若有破损则须更换。目测定位转臂和转向架构架定位臂的间隙有无接触迹象,这种接触表明转臂节点失效,若发现这种接触则应从运行的车辆中拆卸该转向架。

八、减振器检查

减振器检查(图5-31)分以下几个方面:

(1) 检查减振器的破损和泄漏迹象。如果是轻微的油泄漏,可见到的油是又薄又干的,这些油是粘在减振器身上和防尘罩间的,就可能是在组装减振器时油溢流出来的结果。这种状况是可接受的,清洁油污后可继续使用,但须跟踪破损和泄漏情况。如果是较严重的泄漏,跑出的可见油是潮湿的,这就表明减振器泄漏必须更换。

(2) 检查减振器的末端组成(过度变形、橡胶件失效、裂纹等),及时报告发现的任何异常情况。

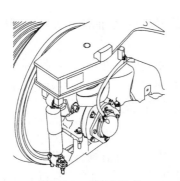

图 5-30 一系悬架检查

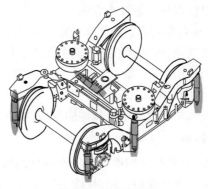

图 5-31 减振器检查

九、空气弹簧外观检查

空气弹簧外观检查(图5-32)分以下几个方面:

(1) 检查空气弹簧的气囊有无裂缝或任何老化迹象。检查时,应及时报告发现的任何异常情况。若发现气囊上有擦破迹象,则须调查和纠正引起的原因。若加固层纤维可见但没有破坏,则空气弹簧可以继续使用。若加固层纤维破坏了,则须更换空气弹簧。

(2) 检查空气弹簧辅助弹簧的可见区域有无蠕变或支持失效迹象。若发现这些异常现象则应更换空气弹簧。

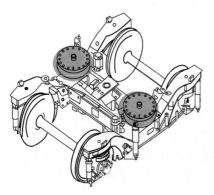

图 5-32 空气弹簧外观检查

(3) 检查空气弹簧有无腐蚀、磨耗和自然破损。若有,则须更换空气弹簧。
(4) 检查和除去任何杂质粒子,使气囊和弹簧基座间不得存有异物。

十、抗侧滚扭杆外观检查

抗侧滚扭杆外观检查(图 5-33)分以下几个方面:
(1) 检查抗侧滚扭杆的连杆的端部节点状况,报告任何异常现象。
(2) 检查抗侧滚扭杆的连杆状况,用研磨砂纸手工打磨腐蚀物。在裸露的金属表面涂刷 TECYL 506 WD 或相当物质进行防腐。

十一、中央牵引装置外观检查

中央牵引装置外观检查(图 5-34)分以下几个方面:
(1) 检查牵引块的橡胶和金属板之间的粘连有无松开迹象。
(2) 检查牵引中心里的中心销的连接状况。
(3) 检查横向止挡状况。若出现变形和开裂迹象则应进行更换。

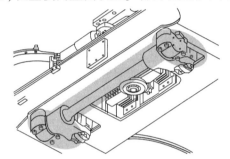
图 5-33 抗侧滚扭杆外观检查

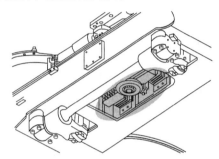
图 5-34 中央牵引装置外观检查

十二、制动部件检查

制动部件检查分以下几个方面:
(1) 检查当前的防松钢丝,确保螺栓没有松动。若防松钢丝丢失,则应检查螺栓不得松动,如果松动就有必要进行拧紧。
(2) 检查制动闸瓦及闸瓦磨损状况。在每个闸瓦外侧面有最大磨耗指示标记,若超过此标记时则应更换。
(3) 检查制动闸瓦楔和固定闸瓦用的锁紧销子。
(4) 检查刚性管路有无破损迹象,如变形可能削弱制动作用。
(5) 检查制动管必须安全地把紧在转向架构架上。
(6) 检查刚性管路与制动单元的软管连接的安全性和状况。

十三、电刷磨耗检查

电刷磨耗检查分以下几个方面:
(1) 从轴箱前盖上拆下搭铁回路单元,检查电刷的磨耗量。在电刷侧面有一个有 5mm 余量的最大磨耗极限方形刻痕,如果达到电刷磨耗极限,就必须更换电刷。
(2) 使用一把用猪毛做的软刷子来除去搭铁单元的脏物和残骸,擦掉搭铁回路单元轴箱前盖上的油脂。

（3）检查搭铁回路单元前盖上的弹簧弹力状况和电刷在舱夹中能否滑动自如。
（4）检查电刷电线状况，若电线损坏则应更换电刷。
（5）检查接触板，其表面不得有过多类似磕碰的破损迹象。

单元练习

一、选择题（不定项选择）

1. 目前轴箱定位最常见的形式有（　　）。
   A. 十字头定位　　　　　　　　　　B. 圆锥层叠橡胶定位
   C. 人字形层叠橡胶定位　　　　　　D. 斜杆定位
2. 装在车体与构架之间的弹簧减振装置属于（　　）。
   A. 一系悬架装置　　　　　　　　　B. 三系悬架装置
   C. 二系悬架装置　　　　　　　　　D. 没有安装
3. 在车辆悬架系统中，一般采用（　　）。
   A. 线性弹簧　　　　　　　　　　　B. 先硬后软的非线性弹簧
   C. 先软后硬的非线性弹簧　　　　　D. 刚度不变的弹簧
4. 车轮与车轴的连接属于（　　）。
   A. 过度配合　　　　　　　　　　　B. 螺栓连接
   C. 过盈配合　　　　　　　　　　　D. 直接铸为一体
5. 牵引梁与构架横梁之间的牵引叠层橡胶的特性是（　　）。
   A. 纵向较软　　　　　　　　　　　B. 横向较软
   C. 纵向较硬　　　　　　　　　　　D. 横向较硬
6. 转向架的横向油压减振器安装在（　　）和（　　）之间。
   A. 构架　　　　　　　　　　　　　B. 轴箱装置
   C. 轮对　　　　　　　　　　　　　D. 牵引梁
7. 拖车转向架车轴上安装的 ATC 脉冲发生器用来给 ATC 系统提供（　　）。
   A. 列车位置信号　　　　　　　　　B. 限速信号
   C. 列车速度信号　　　　　　　　　D. 列车追踪信号

二、判断题

1. 轮对踏面具有一定的斜度，以便于运行时磨耗更均匀。　　　　　　　　（　　）
2. 转向架上中心销止挡可以防止车体高度异常上升。　　　　　　　　　　（　　）
3. 转向架上横向缓冲橡胶与牵引梁两端没有留间隙。　　　　　　　　　　（　　）
4. 扭杆弹簧可以在车辆上用于控制车体的侧滚振动。　　　　　　　　　　（　　）
5. 二系空气弹簧悬架系统中差压阀，可以防止车体过量倾斜。　　　　　　（　　）

三、简答题

1. 简述转向架的安装位置、基本作用和动车转向架上所有部件的名称。
2. 简述车轮锥形踏面的作用，并解释什么是磨耗形踏面？

3. 简述二系空气弹簧悬架系统中所有部件的作用。
4. 简述转向机预防性维护项目中传动部分的检查内容。

四、综合实训

1. 实训目标

(1) 能够指认转向架各部件的名称,并说明其作用;

(2) 能够对转向架各部件进行检查,并判断其状态。

2. 实训设备

转向架实物(模型)或车辆检修软件。

3. 实训内容

(1) 根据动车转向架实物(模型)或车辆检修软件,填表指认部件名称,并说明其作用。

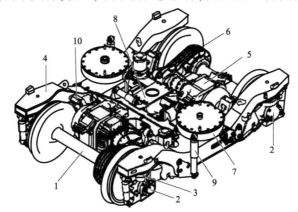

序号	名称	作用
1		
2		
3		
4		
5		
6		
7		
8		
9		
10		

(2) 根据转向架实物(模型)或车辆检修软件,填表判断(测量)转向架各部件是否正常。

序号	检查项目	检查内容	部件状态
1	转向架外观检查	是否存在损坏现象	是□ 否□
		是否存在腐蚀现象	是□ 否□
2	车轴外观检查	是否存在凹痕	是□ 否□ 数值:
		是否存在裂纹	是□ 否□

续上表

序 号	检查项目	检查内容	部件状态
3	车轮检查	车轮踏面是否存在金属鼓起	是□ 否□ 数值:
		车轮踏面是否存在磨平	是□ 否□ 数值:
		车轮踏面是否存在剥离	是□ 否□ 数值:
		车轮踏面是否存在刻痕和凹槽	是□ 否□ 数值:
		测量轮对内侧距	数值:
4	轴箱外观检查	是否存在变色、油漆成片状	是□ 否□
		是否存在油脂遗失现象	是□ 否□
5	构架检查	是否存在损坏、腐蚀现象	是□ 否□
		焊缝是否存在裂纹迹象	是□ 否□
6	传动部件检查	各部件是否安装牢固,无损坏	是□ 否□
		是否存在油脂泄露迹象	是□ 否□
7	一系悬架检查	是否存在裂纹或破损	是□ 否□
8	减震器检查	是否存在破损、变形、裂纹现象	是□ 否□
		是否存在油脂泄露迹象	是□ 否□
9	空气弹簧外观检查	是否存在腐蚀、破损或老化迹象	是□ 否□
		辅助弹簧的可见区域是否存在蠕变或支持失效迹象	是□ 否□
		是否存在异物	是□ 否□
10	抗侧滚扭杆外观检查	端部节点是否正常	是□ 否□
		是否存在腐蚀现象	是□ 否□
11	中央牵引装置外观检查	橡胶和金属板之间的粘连是否松开	是□ 否□
		中心销连接是否正常	是□ 否□
		横向止挡是否存在变形和开裂迹象	是□ 否□
12	制动部件检查	部件是否存在松动	是□ 否□
		闸瓦磨损是否正常	是□ 否□
		管路是否存在破损	是□ 否□
13	电刷磨耗检查	电刷是否磨耗到极限	是□ 否□
		是否存在破损、脏物和油脂	是□ 否□
		接地回路单元前盖上的弹簧弹力状况和电刷滑动是否正常	是□ 否□

单元六 制动系统

学习导入

制动系统是城市轨道交通车辆安全可靠运行的基本保障。近年来,随着车辆技术的快速发展,列车运行速度由最初的60km/h逐渐提高到80km/h,甚至更高。城市轨道交通由于站间距较短,导致车辆需频繁起动、制动,以满足乘客上、下车的需要,而要提高乘客旅行速度就只能增加起动加速度和制动减速度。另外,城市轨道交通车站站台上均安装有站台门系统,车辆对标停车的精准度要求大幅提高,这就需要制动系统有非常高的制动性能和可靠性。因此,制动系统是城市轨道交通必不可少的组成部分,是地铁安全运行及保证运输能力的核心部件。

知识目标

(1)城市轨道交通车辆制动系统的特点;
(2)城市轨道交通车辆的制动方式及其制动程序;
(3)空气制动的组成;
(4)活塞式空气压缩机和螺杆式空气压缩机的结构;
(5)电制动的作用过程;
(6)EP2002与常规制动的区别。

能力目标

(1)能识别基础制动装置的类型;
(2)能画出电-空制动与列车速度、需求制动力关系图。

课题一 制动系统概述

城市轨道交通列车在运行过程中,人为地使车辆减速或阻止其加速叫作制动。为了实施制动而在车辆上装设的由一整套零部件组成的装置称为制动装置。由于城市轨道交通的站间距短,导致城市轨道交通列车的调速及停车制动都比较频繁。在城市轨道交通列车运行过程中,乘客上、下车频繁,对车辆的制动有较大的影响。因此,列车制动系统是保证列车正常运行和安全,并保证乘客良好舒适度的重要装置。

— 71 —

一、城市轨道交通车辆制动系统的特点

(1)具有足够的制动力,保证城市轨道交通车辆在规定的制动距离内停车。城市轨道交通的站间距离比较短,一般都在1km左右。由于站间距离短,列车的调速及停车都比较频繁,为了提高运行速度,就必须使列车起动快、制动距离短。这就要求城市轨道交通车辆的制动装置具有制动力大的特点。

(2)操作灵活,制动可靠,减速快,停车平稳准确。

(3)在制动过程中,采用电制动和空气制动的联合制动方式。城市轨道交通车辆中的动车一般具有四台牵引电动机,这就为采用电制动提供了基本条件。电制动具有无机械磨损等许多优点,这对于空气制动来说是无法实现的。电制动有再生制动和电阻制动两种。电制动的制动功率大,尤其是在较高的速度范围内,它不仅制动力大、效率高,而且再生制动能回收能量,从而产生一定的经济效益。

(4)城市轨道交通车辆在长大下坡道上运行时,制动力不衰减。

(5)根据乘客量的变化,制动力具有空重车调整能力,以减少制动时的纵向冲击。城市轨道交通列车的乘客量波动大,无乘客(空车工况)时,仅有城市轨道交通车辆自重,相对来说是较轻的(为了降低能耗,城市轨道交通车辆车体的材质采用铝合金或薄壁不锈钢型材等)。因此,乘客量对车辆总质量有较大的影响,易引起制动率的变化。制动率变化过大,这对列车制动时要保证一定的减速度、防止车轮滑行及减小车辆间纵向冲动都是不利的。因此,制动系统应具有在各种乘客量的工况下,使车辆制动率基本恒定的性能。

二、城市轨道交通车辆的制动方式

城市轨道交通车辆的制动方式一般有电制动和机械(空气)制动两种。其中电制动分为再生制动和电阻制动,如图6-1所示。常用制动方式为再生制动、电阻制动和空气制动,在制动过程中,它们分别为第一优先级、第二优先级和第三优先级制动。

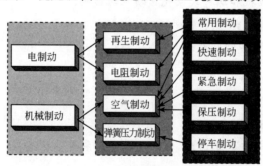

图6-1 制动系统分类图

三、城市轨道交通车辆的制动程序

在城市轨道交通车辆制动过程中,城市轨道交通车辆首先应充分利用电制动,电制动是由列车的动车承担的。也就是说动车产生的电制动力不仅供自身制动使用而且还要承担拖住拖车的任务。在电制动初期,动车的电动机转变为发电机,将列车制动产生的动能经过转换,变成直流电输送回第三轨(或接触网)和供给本列车的辅助系统,这时发生的是再生制动。

如果列车所在的供电区段上没有其他列车处于牵引状态,而辅助系统的用电量不能完全消耗再生的电能,电荷就会在电容上聚集。当电荷聚集到一定程度时,制动斩波器开始工作,它将多余的电能送到制动电阻上消耗掉。这个过程称为电阻制动。

随着列车的速度下降其电制动力也将不断地减弱,当列车速度降低至一定的速度时,电制动已不能满足制动所需要的要求,这时电制动力将逐渐被切除,所有的制动力则由空气制动来承担。同时列车还进入了一个停车制动的程序。

知识链接

停车制动的程序:是当列车减速进入车站时,在接近停止前略将闸缸内的压力空气放走一些,然后再重启将列车停止。这样做可以提高列车停站过程的舒适性。

电-空制动与列车速度、需求制动力的关系,如图6-2所示。

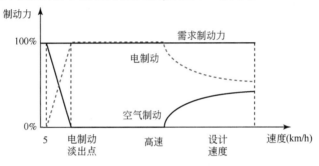

图6-2 电-空制动与列车速度、需求制动力的关系

课题二 空气制动系统

空气制动,又称为机械制动或摩擦制动。城市轨道交通车辆常用的空气基础制动方式有闸瓦制动和盘形制动。空气制动主要以压缩空气为动力,压缩空气由车辆的供气系统供给。

一、空气制动系统的组成

城市轨道交通车辆的空气制动系统由供气设备、基础制动装置(常见的有闸瓦制动装置与盘形制动装置)、防滑装置和制动控制单元组成。

供气系统主要由空气压缩机、空气干燥器、压力控制装置和管路组成。供气设备除了给车辆制动系统供气外,还向车辆的空气悬架设备、车门控制装置(气动门)、气动喇叭、刮水器及车钩操作气动控制设备等需要压缩空气的设备供气。

防滑装置是用于车轮与钢轨黏着不良时,对制动力进行控制的装置。它的作用是:防止车轮即将抱死;避免滑动和最佳地利用黏着,以获取最短的制动距离。

制动控制单元是空气制动的核心部件,它接受微机制动控制单元(EBCU)的指令,然后再指示制动执行部件动作。其组成部分主要有:模拟转换阀、紧急阀、称重阀和均衡阀等。这些部件都安装在一块铝合金的气路板上,实现了集成化。这样可以避免用管道连接而容易造成泄漏和所占空间大等问题。

二、空气制动的结构原理

1. 闸瓦制动

闸瓦制动又称为踏面制动,它是最常用的一种制动方式。闸瓦基础制动装置在制动时,闸瓦制动装置根据制动指令使制动缸内产生相应的制动缸压力;该压力通过制动缸使制动缸活塞杆产生推力,经基础制动装置中的一系列杆件的传递、分配,使每块闸瓦都贴靠在车轮踏面上,并产生闸瓦压力。车轮与闸瓦之间相对滑动,产生摩擦力,最后转化为轮轨之间的制动力。缓解时,制动控制装置将制动缸压力空气排除,制动缸活塞在制动缸缓解弹簧的作用下退回,通过各杆件带动闸瓦离开车轮踏面。如图6-3所示。

在闸瓦与车轮这一对摩擦副中,由于车轮主要承担着车辆走行功能,因此其材料不能随意改变。要改善闸瓦制动的性能,只能通过改变闸瓦材料的方法。早期的闸瓦材料主要是铸铁。为了改善摩擦性能和增加耐磨性,目前城市轨道交通车辆中大多采用合成闸瓦;但合成闸瓦的导热性较差,因此目前也有采用导热性能良好,且具有较好的摩擦性能的粉末冶金闸瓦。

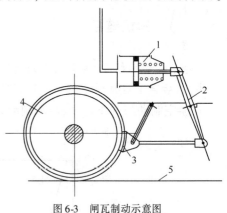

图6-3 闸瓦制动示意图
1-制动缸;2-基础制动装置;3-闸瓦;4-车轮;5-钢轨

在闸瓦制动中,当制动功率较大时,有可能使产生的热量来不及逸散于大气,造成闸瓦与车轮热负荷增加,温度升高,轮、瓦间摩擦力下降,严重时导致闸瓦熔化(铸铁闸瓦)和轮毂松弛等。因此,在采用闸瓦制动时,对制动功率要有限制。

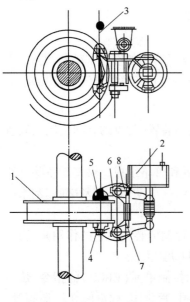

图6-4 盘形制动结构及其原理图
1-轮对;2-单元制动缸;3-吊杆;4-制动夹钳;5-闸瓦托;6、7-杠杆;8-支点拉板

2. 盘形制动

盘形制动可分为轴盘式和轮盘式。非动力转向架一般采用轴盘式,当动力转向架轮对之间由于牵引电机等设备使制动盘的安装发生困难时,可采用轮盘式。制动时,制动缸通过制动夹钳使闸片夹紧制动盘,使闸片与制动盘间产生摩擦,把列车的动能转变为热能,热能通过制动盘与闸片逸散于大气。盘形制动采用的高性能摩擦副材料和良好的散热结构,可以获得比闸瓦制动大得多的制动功率。

盘形制动装置的结构由单元制动缸、夹钳装置、闸片和制动盘组成。其中,单元制动缸中包含闸调器,夹钳装置由吊杆、闸片托、杠杆和支点拉板组成。夹钳的悬挂方式为制动缸浮动三点悬挂,即两闸片托的吊杆为两悬挂点,另一悬挂点是支点拉板。

盘形基础制动装置在制动时,制动缸活塞杆推出,制动缸缸体和活塞杆带动两根杠杆,通过杠杆和支点拉板组成的夹钳,使装在闸片托上的闸片同时夹紧制动盘的两个摩擦面,产生制动作用。如图6-4所示。

3. 单元制动缸

单元制动缸是由制动缸、闸瓦间隙调整器等组合而成的紧凑部件。由于城市轨道交通车辆的车体底架下方与转向架之间没有足够的空间来安装基础制动装置,因此,我国大多数城市轨道交通车辆采用单元制动缸。

单元制动缸和基础制动装置各有不同特点。基础制动装置由于采用杠杆联运机械,所以其同步性良好,制动力均匀。而单元制动缸是单个供气动作,轻便灵活,体积小,灵敏度高,使用了电气控制后,也可具有良好的同步性。

单元制动缸的类型有两种:一般的 PC7Y 型单元制动缸(图 6-5)和具有弹簧制动器(也称停放制动器)的 PC7YF 型单元制动缸(图 6-6)。

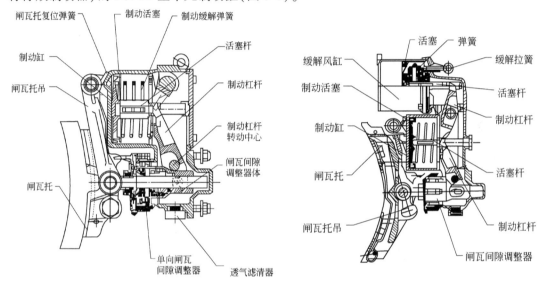

图 6-5　PC7Y 型单元制动缸　　　　　　图 6-6　PC7YF 型单元制动缸

两种型号的单元制动缸均安装在每个转向架上,两者的区别在于是否带停车弹簧制动器。弹簧制动器利用释放弹簧储存的弹力来推动活塞,从而带动二级杠杆使闸瓦紧贴车轮踏面达到制动的目的。它用于车辆停放时,进行停放制动。特别是当车辆停放在坡道上,可防止车辆的溜动。而弹簧制动器的缓解则需要向弹簧制动缸充气,使活塞压缩杠杆,使制动缓解。弹簧制动器也可用人工拔出其顶部的缓解销来实施机械缓解。弹簧制动器也可在列车驾驶室控制电磁阀来操作其汽缸充、排气。

单元制动缸是制动系统的执行部件,它由闸缸、活塞、杠杆、活塞弹簧、间隙调整器、吊杆、拉簧、闸瓦托、闸瓦和壳体组成。其中间隙自动调整器用于当闸瓦与车轮在制动时磨损后间隙增大时,自动调整这个间隙使闸瓦与车轮踏面始终保持规定的距离,从而使制动缸保持良好的制动性能,且无须人工调整。

三、空气压缩机结构原理

城市轨道交通车辆的制动系统及其他一些子系统所使用的压缩空气(也称压力空气)都是由空气压缩机组(简称空压机,见图 6-7、图 6-8)生产的,电动机通过联轴器直接驱动空压机。目前,城市轨道交通车辆中采用的主要有活塞式空气压缩机和螺杆式空气压缩机两种。

城市轨道交通车辆采用的空气压缩机一般要求具有噪声低、振动小、结构紧凑、维护方便、环境实用性强的特点，其直流驱动电动机已逐渐被交流驱动电动机取代。

图6-7 城市轨道交通车辆使用空气压缩机示意图

图6-8 城市轨道交通车辆使用风缸示意图

1. 活塞式空气压缩机

活塞式空气压缩机由固定机构、运动机构、进、排气机构、中间冷却装置和润滑装置等组成。其中，固定机构包括机体、汽缸、汽缸盖；运动机构包括曲轴、连杆、活塞；进、排气机构包括空气滤清器、气阀；中间冷却装置包括中间冷却器（简称中冷器）、冷却风扇；润滑装置包括润滑油泵、润滑油路等。如图6-9所示。

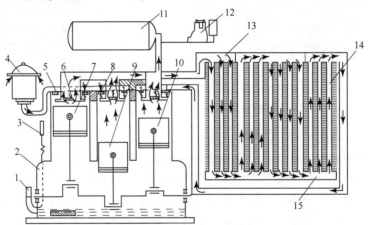

图6-9 活塞式空气压缩机作用原理

1-润滑油泵；2-机体；3-油压表；4-空气滤清器；5、8-进气阀片；6-排气阀片；7、9-低压活塞；10-高压活塞；11-主风缸；12-压力控制器；13-上集气箱；14-散热管；15-下集气箱

活塞式空气压缩机的工作原理：电动机通过联轴节驱动空压机曲轴转动，曲柄连杆机构带动高、低压缸活塞同时在汽缸内做上下往复运动。由于曲轴中部的三个轴颈在轴向平面内互成120°，两个低压活塞和一个高压活塞分别相隔120°转角。当低压活塞下行时，活塞顶面与缸盖之间形成真空，经空气滤清器的大气推开进气阀片（进气阀片弹簧被压缩）进入低压缸，此时排气阀在弹簧和中冷器内空气压力的作用下关闭。当低压活塞上行时，汽缸内的空气被压缩，其压力大于排气阀片上方压力与排气阀弹簧的弹力之和时，压缩排气阀弹簧而推开排气阀片，具有一定压力的空气排出缸外，而进气阀片在汽缸内压力及其弹簧的作用下关闭。两个低压缸送出的低压空气，都经汽缸盖的同一通道进入中冷器。经中冷器冷却

后,再进入高压缸,进行第二次压缩,压缩后的空气经排气阀口、主风管路送入主风缸中储存。高压活塞的进、排气作用与低压活塞的进、排气作用相同。

在运用中,主风缸压力保持在一定的范围,如750~900kPa,它是通过空压机压力控制器(调压器)自动控制空压机的启动或停止来实现。当主风缸的压力逐渐增高,达到规定压力上限时,压力控制器切断空压机驱动电机的电源,使空压机停止工作;而随着设备的用风和管路的泄漏等,使主风缸的压力逐渐降低,达到规定压力下限时,压力控制器接通空压机驱动电动机的电源,使空压机开始工作,主风缸压力又回升。这样,主风缸压力一直被控制在规定的范围之内。

下面是用于城市轨道交通车辆的两种活塞式空气压缩机:

(1)VV230/180-2型活塞式空气压缩机。此压缩机的排气量为1500L/min,输出压力为1100kPa,转速为1520r/min,用1500V直流电动机M通过弹性联轴器直接驱动。4个汽缸(其中3个低压缸的直径95mm,1个高压缸的直径85mm),两级压缩带有两个空气冷却器(中间冷却或后冷却),并用风扇强迫通风。此压缩机的主要特点是它的缸体与曲轴箱不连成一体,这样的设计便于缸套的安装和调换。

(2)VV120/150-1型活塞式空气压缩机。此压缩机为3个缸,其中2个缸为低压缸,1个为高压缸;两级压缩带有两个空气冷却器,如图6-10所示。其排气量为920L/min,输出压力为1000kPa,转速为1450r/min,由380V、三相、50Hz交流鼠笼式异步电动机驱动。电动机与压缩机之间是永久连接,不需要维护,有一个自对中心的凸缘连接,这种布置就不需要在电动机和压缩机之间有很精确的直线连接。其空气过滤器采用过滤纸过滤,其效果较油浴式过滤器好,但应用成本较高。冷却风扇的叶片不直接安装在曲轴端头,是通过温控液力联合器连接,也称黏性连接。在温度较低时,联轴器内的液体黏度很低,不传递转矩,故可节约能源。该空气压缩机组的一个主要优点,是在4.6m距离内噪声的声压级只有64dB(A)。

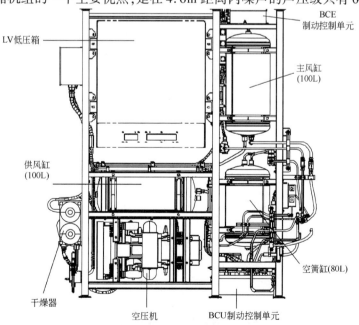

图6-10 VV120/150-1型活塞式空气压缩机的结构

活塞式空气压缩机的应用广泛、技术成熟,可靠性和稳定性好,不需特殊润滑,性价比具有吸引力。与活塞式空气压缩机相比,螺杆式空气压缩机具有独自的特点。

2. 螺杆式空气压缩机

(1) 螺杆式空气压缩机的特点。这种压缩机具有以下特点:

①噪声低、振动小。当螺杆式空气压缩机工作时,旋转部件两个螺杆的运动没有质心位置的变动,因而没有产生振动的干扰力。经精密加工和精密磨削制造的公、母螺杆和机壳之间,互相密贴和啮合的间隙是通过喷油实现密封和冷却的,并不产生机械接触和摩擦,因而在工作中噪声低。它的喷油润滑又使噪声强度大大降低,一般不超过85dB(A)。另外,它的空气压缩过程是连续的,不受气阀开闭的制约,所以,压缩空气流动也连续而且平稳。

②可靠性高和寿命长。螺杆式空气压缩机工作时除了轴承和轴封等部件外,没有因相对运动而承受摩擦的零部件。公、母螺杆和机壳之间并不产生机械接触和摩擦,在工作中不产生磨损,使它高可靠和免维护。通常螺杆式空气压缩机的检修周期可以保证不短于整车的大修期。

③维护简单。在运用中,检查、检修人员只要注意观察螺杆式空气压缩机的机油油位不低于油表或视油镜刻线;保证空气滤清器未脏到堵塞的程度,那么空气压缩机就能工作,它不需要给予特别的关照。

(2) 螺杆式空气压缩机的结构。它的主机是双回转轴容积式压缩机,转子为一对互相啮合的螺杆,螺杆具有非对称啮合型面。主动转子为阳螺杆,从动转子为阴螺杆。常用的主副螺杆齿数比依压缩机容量而有所不同,为4:5、4:6或5:6。两个互相啮合的转子在一个只留有进气口和排气口的铸铁壳体里面旋转,螺杆的啮合和螺杆与壳体之间的间隙通过精密加工严格控制,并在工作时向螺杆腔内喷压缩机油,使间隙被密封,并将两转子的啮合面隔离,防止机械接触磨损。另外,不断喷入的机油与压缩空气混合,用来带走压缩过程所产生的热量,维持螺杆副长期可靠地运转。当螺杆副啮合旋转时,它从进气口吸气,经过压缩从排气口排出,得到具有一定压力的压缩空气。

螺杆副(图6-11),是一对齿数比为4:6,以特定螺旋角互相啮合的螺杆。其中阳螺杆(通常作驱动螺杆)为凸形不对称齿,而阴螺杆(常用作从动螺杆)为瘦齿形弯曲齿。两螺杆的齿断面线形是专门设计并经过精密磨削加工的。

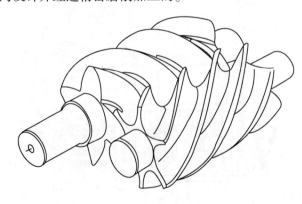

图6-11 螺杆式空气压缩机的螺杆副

知识链接

螺杆副在啮合过程中两齿间始终保持"零"间隙密贴,形成空气的挤压空腔。

(3)螺杆式空气压缩机的工作原理。该压缩机的工作过程分为吸气、压缩和排气3个阶段。其结构,如图6-12所示。

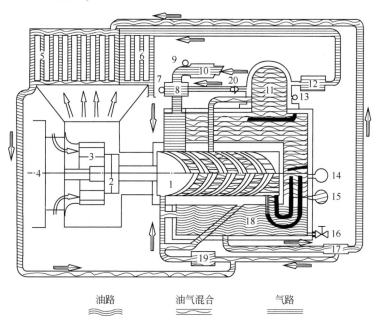

图6-12 螺杆式空气压缩机的结构

1-螺杆式空气压缩机;2-联轴器;3-冷却风机;4-电动机;5-空、油冷却器(机油冷却单元);6-冷却器(压缩空气后冷却单元);7-压力开关;8-进气阀;9-真空指示器;10-空气滤清器;11-油细分离器;12-最小压力维持阀;13-安全阀;14-温度开关;15-视油镜;16-泄油阀;17-温度控制阀;18-油气筒组成;19-机油过滤器;20-逆止阀

①吸气过程。螺杆安装在壳体内,在自然状态下就有一部分螺杆的沟槽与壳体上的进气口相通。也就是说,在任何时候,无论螺杆式空气压缩机的螺杆旋转到什么位置,总有空气通过进气口充满与进气口相通的沟槽。这是压缩机的吸气过程。主副两转子在吸气终了时,已经充盈空气的螺杆沟槽的齿顶与机壳腔壁贴合,此时,在齿沟内的空气即被隔离,不再与外界相通并失去相对流动的自由,即被"封闭"。当吸气过程结束后,两个螺杆在吸气口的反面开始进入啮合,并使得封闭在螺杆齿沟里的空气的体积逐渐减小,压力上升,压缩随之开始。

②压缩过程。随着压缩机两转子的继续转动,封闭有空气的螺杆沟槽与相对螺杆齿的啮合,从吸气端不断地向排气端发展,啮合的齿占据了原来已经充气沟槽的空间,将在这个沟槽里的空气挤压,体积渐渐变小,而压力则随着体积变小而逐渐升高。空气是被裹带着一边转动,一边被继续压缩的,从吸气结束开始,一直延续到排气口打开之前。当前一个螺杆齿端面转过被它遮挡的机壳端面上的排气口时,在齿沟内的空气即与排气腔的空气相连通,受挤压的空气开始进入排气腔,至此在压缩机内的压缩过程即结束了。这个体积减小压力

渐升的过程,是压缩机的压缩过程。在压缩过程中,压缩机不断地向压缩室和轴承喷射润滑油。其主要作用如下:

润滑作用——喷入的机油在螺杆的齿面形成油膜,使啮合齿的齿面与齿面,齿顶与机壳间不直接接触,不产生干摩擦及由此引起的磨损。

密封作用——润滑油油膜填充了螺杆啮合齿与齿间及齿顶与机壳间的间隙,阻止压缩空气的泄漏,起密封作用,提高压缩机的容积效率。

降噪作用——喷入的机油与压缩空气混合,在油气混合物压力变化时,不可压缩的液态油可以部分地吸收缓和压缩空气膨胀产生的气动高频噪声。

冷却作用——喷入的润滑油接触到螺杆、机壳壁和压缩空气,吸收压缩热并将其带出。通过机外冷却系统将机油带出来的热,转由冷却空气散掉,从而保证压缩机在理想的工作温度下工作,保证机器的可靠性和使用寿命。

③排气过程。压缩过程结束,封闭有压缩空气的螺杆沟槽的端部边缘与螺杆壳体端壁上的排气口边缘相通时,受到挤压压缩的空气被迅速从排气口推出,进入螺杆压缩机的排气腔。随着螺杆副的继续转动,螺杆啮合继续向排气端的方向推移,逐渐将在这个沟槽里的压缩空气全部挤出。这是压缩机的排气过程。在排气过程中,由于排气腔并不直接连着压缩空气用户,在它的排气腔出口设置的最小压力维持阀,限制自由空气外流,会使压缩空气的压力继续上升或者受到制约。

螺杆式空气压缩机壳体的进气口开口的大小及边缘曲线的形状,是与螺杆的齿数及螺旋角的角度相关的。而压缩机后端壁上的排气口开口形状(呈现为蝶形)及尺寸也是由压缩机的压缩特性及螺杆的端面齿形所决定的。

在这里所讲的螺杆式空气压缩机工作原理,是以螺杆的一个沟槽为实例展开的,并且把它的工作过程分成为吸气、压缩和排气3个阶段。实际上压缩机螺杆的工作转速很快,而且主动螺杆和从动螺杆的每一个沟槽,在运转过程中承担着相同的任务,将它的空腔在进气侧打开吸进空气,然后再将其带到排气侧压缩后排出。这种高速的、周而复始的工作,而且螺旋状的前一个沟槽和后面相邻沟槽的同一个的工作阶段,尽管有先有后,但实际上是重叠发生的。这形成了螺杆式空气压缩机工作的连续性和供气的平稳性,形成了它的低振动和高效率。

螺杆式空气压缩机的工作循环,是在啮合的螺杆齿和齿沟间,一个接一个周而复始连续不断地进行的。而且它的压缩过程只是当齿沟里的空气被挤进排气腔的过程中才完成的,所以没有像活塞式压缩机那样的振动和排气阀启闭形成的冲击噪声。

四、制动管路系统的组成

空气压缩机组主要包括驱动电动机、空气压缩机、空气干燥器、压力控制器等。空气压缩机组采用模块化设计,吊挂于车辆底架下部。广州地铁1号线车辆的空气压缩机组安装在A车(拖车)下部,而广州地铁2号线和上海地铁1、2号线车辆的空气压缩机组均安装在C车(动车)下部。由两个单元组成的列车具有两套风源系统,为了减少压缩机的磨损,列车前部单元的空气压缩机总是给整列车供风,而不同时使用两层压缩机单元。带有空气压缩机组的拖车管路系统(见图6-13),与其编组的动车,除风源系统、受电弓管路以外,其他管路与拖车一样。该系统中每辆车上设有4个风缸,其中包括一个250L的总风缸,一个100L的空气悬架系统(空气弹簧)风缸,一个50L的制动储风缸和一个50L的客室风动门风缸。另外,装用单塔式干燥器还附设一个50L的再生风缸。

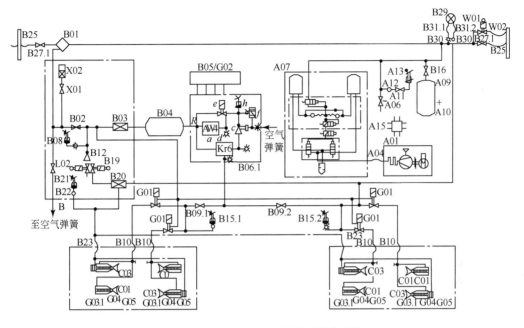

图6-13 带有空气压缩机组的拖车管路系统
A-供风系统;B-制动系统;C-基础制动;G-防滑系统;L-空气弹簧系统;W-车钩;X-车间供气

图6-14所示,是每车均有的空气弹簧管路。它主要由截断阀门(L01、L06)、滤清器(L02)、溢流阀(L03)、空气弹簧风缸(L04)、高度阀(L07)和差压阀(L08)等组成。

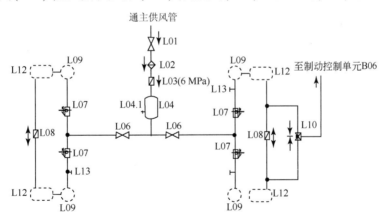

图6-14 空气弹簧管路

五、空气制动系统的控制方式

空气制动系统按其作用原理的不同,可以分为直通式空气制动机、自动式空气制动机和直通自动式空气制动机。

1. 直通式空气制动机

直通式空气制动机的结构,如图6-15所示。

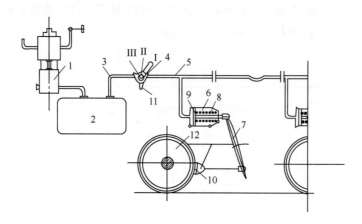

图 6-15 直通式空气制动机的结构

1-空气压缩机;2-总风缸;3-总风缸管;4-制动阀;5-制动管;6-制动缸;7-基础制动装置;8-制动缸缓解弹簧;9-制动缸活塞;10-闸瓦;11-制动阀 Ex 口;12-车轮;Ⅰ-缓解位;Ⅱ-保压位;Ⅲ-制动位

空气压缩机将压缩空气储入总风缸内,经总风缸管至制动阀。制动阀有缓解位、保压位和制动位 3 个不同位置。在缓解位时,制动管内的压缩空气经制动阀 Ex(Exhaust) 口排向大气;在保压位时,制动阀保持总风缸管、制动管和 Ex 口各不相通;在制动位时,总风缸管压缩空气经制动阀流向制动管。

(1)制动位。司机要实施制动时,首先把操纵手柄放在制动位,总风缸的压缩空气经制动阀进入制动管。制动管是一根贯通整个列车、两端封闭的管路,压缩空气由制动管进入各个车辆的制动缸,压缩空气推动制动缸活塞移动,并通过活塞杆带动基础制动装置,使闸瓦压紧车轮,产生制动作用。制动力的大小,取决于制动缸内压缩空气的压力,由司机操纵手柄在制动位放置时间的长短而定。

(2)缓解位。要缓解时,司机将操纵手柄置于缓解位,各车辆制动缸内的压缩空气经制动管从制动阀 Ex 口排入大气。操纵手柄在缓解位放置的时间应足够长,使制动缸内的压缩空气排尽,压力降低至零。此时制动缸活塞借助于制动缸缓解弹簧的复原力,使活塞回到缓解位,闸瓦离开车轮,实现车辆缓解。

(3)保压位。制动阀操纵手柄放在保压位时,可保持制动缸内压力不变。当司机将操纵手柄在制动位与保压位之间来回操纵,或在缓解位与保压位之间来回操纵时,制动缸压力能分阶段上升或下降,即实现阶段制动或阶段缓解。

直通式空气制动机的特点如下:

(1)制动管增压制动、减压缓解,列车分离时不能自动停车。

(2)能实现阶段缓解和阶段制动。

(3)制动力大小靠司机操纵手柄在制动位放置时间的长短决定,因此控制不太精确。

(4)制动时全列车制动缸的压缩空气都由总风缸供给;缓解时,各制动缸的压缩空气都需经制动阀排气口排入大气。因此前后车辆制动的一致性不好。

2. 自动式空气制动机

自动式空气制动机的结构,如图 6-16 所示。

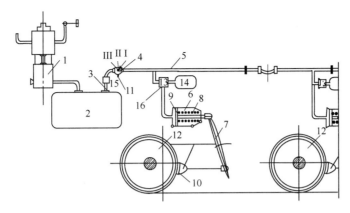

图 6-16　自动式空气制动机的结构

1-空气压缩机；2-总风缸；3-总风缸管；4-制动阀；5-制动管；6-制动缸；7-基础制动装置；8-制动缸缓解弹簧；9-制动缸活塞；10-闸瓦；11-制动阀 Ex 口；12-车轮；13-三通阀；14-副风缸；15-给气阀；16-三通阀排气口；I-缓解位；II-保压位；III-制动位

自动式空气制动机在直通式空气制动机的基础上增加了3个部件：在总风缸与制动阀之间增加了给气阀；在每节车辆的制动管与制动缸之间增加了三通阀和副风缸。给气阀的作用是限定制动管定压，人为规定的制动管压力，即无论总风缸压力多高，给气阀出口的压力总保持在一个设定的值。

自动式空气制动机的制动阀同样也有缓解、保压和制动3个作用位置，但内部通路与直通式空气制动机的制动阀有所不同。在缓解位时它联通给气阀与制动管的通路；制动位时它使制动管与制动阀上的 Ex 口相通，制动管压缩空气经它排向大气；保压位时仍保持各路不通。

制动阀操纵手柄放在缓解位时，总风缸中的压缩空气经给气阀、制动阀送到制动管；然后通过制动管送到各车辆的三通阀，经三通阀使副风缸充气。如此时制动缸中有压缩空气，则经三通阀排气口排入大气。列车运行时，制动阀操纵手柄一般处于此位，直至副风缸充至制动管定压值。

制动阀操纵手柄放在制动位时，制动管中的压缩空气经制动阀 Ex 口排向大气。制动管的减压信号传至车辆的三通阀时，三通阀动作，副风缸内的压缩空气经三通阀充向制动缸。制动缸活塞推出，使制动执行机构动作，列车产生制动作用。

由此可见，自动空气制动机是依靠制动管中压缩空气的压力变化来传递制动信号，制动管增压时缓解，减压则制动。其中，三通阀是制动缸充气或排气的控制部件。

三通阀的工作原理，如图 6-17 所示。

三通阀由于它与制动管、副风缸和制动缸相通而得名。根据制动管压力的变化，三通阀有以下3个基本位置。

（1）充气缓解位。制动管压力增加时，在三通阀活塞两侧形成压差，三通阀活塞及活塞杆带动节制阀及滑阀一起移至右侧端位，这时充气沟露出。三通阀内形成以下两条通路：

①制动管→充气沟→滑阀室→副风缸；

②制动缸→滑阀座 r 孔→滑阀底面 n 槽→三通阀 Ex 口→大气。

第一条通路为充气通路，第二条通路为缓解通路，即所谓充气是指向副风缸充气，缓解是指制动缸缓解。副风缸内压力可一直充至与制动管的压力相等，即达到制动管定压，制动缸缓解后的最终压力为零。

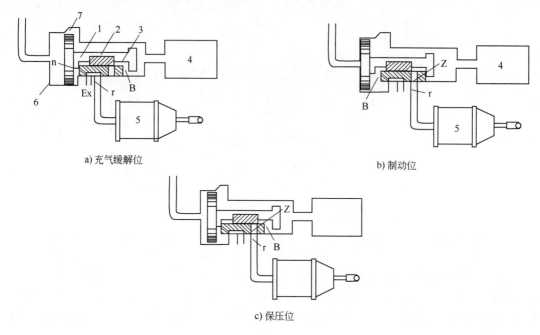

图 6-17 三通阀的工作原理
1-三通阀活塞及活塞杆;2-节制阀;3-滑阀;4-副风缸;5-制动缸;6-三通阀;7-充气沟;B-间隙

(2) 制动位。制动时,司机将制动阀操纵手柄放至制动位,制动管内的压力空气经制动阀排气减压。三通阀活塞左侧压力下降,右侧副风缸压力大于左侧。当两侧压差较小时,不足以推动活塞,副风缸的压力空气有通过充气沟逆流的现象。但由于制动管压力下降较快,活塞两侧的压差仍继续增加,压差达到足以克服活塞及节制阀的阻力时,活塞及活塞杆带动节制阀向左移一间隙距离,使活塞杆与滑阀之间的间隙 B 置于前部,活塞遮断充气沟,副风缸压力空气停止逆流,滑阀上的通孔上端开放,与副风缸相通。随着制动管压力的继续下降,活塞两侧压差加大到能够克服滑阀与滑阀座之间的摩擦力时,活塞带动滑阀左移至极端位,滑阀切断制动缸通大气的通路,同时滑阀通孔下端与滑阀座制动缸孔 r 对准,形成副风缸向制动缸的充气通路。如果三通阀一直保持这一位置,最终将使副风缸压力与制动缸的压力平衡。

(3) 保压位。在制动管减压到一定值后,司机将制动阀操纵手柄移至保压位,制动管停止减压。三通阀活塞左侧压力不再下降,但三通阀活塞仍处于左极端的制动位,因此副风缸压力空气继续充向制动缸,活塞右侧的压力继续下降。当右侧副风缸压力稍低于左侧制动管的压力时,两侧压差达到能克服活塞和节制阀的阻力时,活塞将带着节制阀向右移一间隙距离,使滑阀与活塞杆之间的间隙位于后端,同时节制阀遮断副风缸向制动缸的充气通路,副风缸压力不再下降。由于此时活塞两侧压差较小,不足以克服滑阀与滑阀座之间的摩擦力,所以活塞位于此位不再移动,制动缸保压。

当司机将制动阀操纵手柄在制动位和保压位来回扳动时,制动管压力反复减压-保压,三通阀则反复处于制动位-保压位,而制动缸压力则不断升压→保压→升压→保压,直至制动缸压力与副风缸压力平衡为止,即自动制动机具有阶段制动作用。但由于自动制动机三通阀结构的限制,其无法实现阶段缓解,而只能一次缓解(又称轻易缓解)。

3. 直通自动式空气制动机

直通自动式空气制动机的结构,如图 6-18 所示。

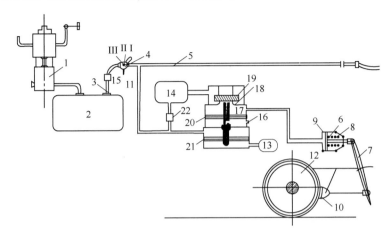

图 6-18 直通自动式空气制动机的结构

1-空气压缩机;2-总风缸;3-总风缸管;4-制动阀;5-制动管;6-制动缸;7-基础制动装置;8-制动缸缓解弹簧;9-制动缸活塞; 10-闸瓦;11-制动阀 Ex 口;12-车轮;13-定压风缸;14-副风缸;15-给气阀;16-三通阀排气口;17-排气阀口;18-进气阀口; 19-进排气阀;20-制动缸压力活塞;21-主活塞;22-单向阀;I-缓解位;II-保压位;III-制动位

直通自动式空气制动机与自动式空气制动机在制动机的组成上基本相同,只增加一个定压风缸 13。但其三通阀的结构和原理与自动式空气制动机的三通阀有较大的区别。自动式空气制动机三通阀的主控机构是靠制动管与副风缸两者压力的差别与平衡来动作的,即为二压力机构阀。而直通自动式空气制动机三通阀的主控机构由大小两个活塞组成,它的动作是由制动缸压力活塞上侧的制动缸压力,主活塞上、下两侧的制动管压力和定压风缸的压力三者的差别与平衡来控制的,因此它属于三压力机构阀。具有以下 4 个作用工况:

(1)充气缓解位。司机将制动阀置于缓解位 I,总风缸的压缩空气经给气阀和制动阀充向制动管,再经制动管通向各车辆的三通阀主活塞上侧。活塞在制动管压力作用下下移,形成下列两条通路:

①制动管压缩空气→主活塞上侧→充气沟→主活塞下侧→定压风缸;

②制动缸的压缩空气→制动缸压力活塞上侧→排气阀口→活塞杆中心孔→制动缸压力活塞下侧→三通阀排气口。

上述第二条通路在初充气时,由于制动缸内无压缩空气而没有排气现象。在这一位置时,定压风缸充气,制动缸缓解。而副风缸只要其压力低于制动管压力,在单向阀作用下制动管会自动向其补充压缩空气,并不受作用位置的限制。

(2)制动位。制动阀操纵手柄置于制动位 III,制动管以一定的速度减压,定压风缸的压缩空气来不及通过充气沟逆流,主活塞上下两侧形成压差,主活塞上移。首先排气阀口顶住进排气阀,关闭了制动缸与大气的通路。同时充气沟被主活塞遮断,主活塞两侧压差进一步加大,主活塞克服进排气阀弹簧压力而打开进排气阀进气口,形成副风缸通过进气阀口向制动缸充气的通路。同时制动缸压力也作用在制动缸压力活塞上侧。

(3)制动中立位。制动阀操纵手柄置于保压位 II,制动管停止减压。这时主活塞上侧压力停止下降,但三通阀仍处于制动位,副风缸继续向制动缸充气,制动缸压力活塞上侧压力也继续增加,当制动缸压力作用在制动缸压力活塞上侧产生的作用力,与进排气阀弹簧力,再加上主活塞上侧制动管压力产生的作用力,稍稍大于定压风缸压力在主活塞下侧产生的作用力时,进排气阀压向进气阀口,切断副风缸向制动缸的充气通路。这时排气阀口也没有开启,制动缸处于保压状态,三通阀处于制动中立位。若司机将制动阀操纵手柄在制动位、中立位来回扳动,三通阀将反复处于制动位与制动中立位,即得到阶段制动。

(4)缓解中立位。列车制动后充气缓解,当制动管压力尚未充至定压时,司机将制动阀操纵手柄置于中立位,制动管停止增压,这时由于主活塞上侧制动管压力仍小于定压风缸的压力(基本上仍保持制动管定压),因此当制动缸压力减至一定值时,作用在活塞上的制动管、制动缸和定压风缸三者压力使向上的压力略大于向下的压力,活塞上移,排气阀口关闭,但向上的力较小,不足以顶开进排气阀,制动缸保压,三通阀处于缓解中立位。

在制动管充至定压前,反复使制动管处于增压-保压状态,就能实现阶段缓解,当制动管最终充至定压,制动缸就彻底缓解完毕。

直通自动式空气制动机的特点如下:

(1)能阶段制动和阶段缓解。同时,制动管要充到定压,制动缸才能完全缓解。

(2)具有制动力不衰减性。即在制动中立位或缓解中立位时,当制动缸压力因漏泄等原因而下降时,三通阀能自动地给予补充压缩空气,使制动缸压力保持原值。

课题三 电制动系统

电制动是车辆在常用制动下的优先选择,仅带驱动系统的动车具有电制动。电制动分再生制动和电阻制动两种形式。电制动具有独立的滑行保护和载荷校正功能。为此,每节动车装备有:一个三相调频调压逆变器(VVVF)、一个牵引控制单元(DCU)、一个制动电阻、四个自冷式三相交流电机 M_1、M_2、M_3、M_4(每轴一个,相互并联)。

一、再生制动

当发生常用制动时,电动机 M 变成发电机状态运行,将车辆的动能变成电能,经 VVVF 逆变器整流形成直流电反馈于接触网,供列车所在接触网供电区段上的其他车辆牵引和本车的其他系统(如辅助系统等)用,此过程称为再生制动。再生制动的结构,如图 6-19 所示。再生制动取决于第三轨(或接触网)的接收能力,亦即取决于网压高低和负载利用能力。

二、电阻制动

如果制动列车所在的接触网供电区段内无其他列车吸收该制动能量,调频调压逆变器 VVVF 则将能量反馈在线路电容上,使电容电压 XUD 迅速上升。当电容电压 XUD 达到最大设定值 1800V 时,牵引控制单元 DCU 启动能耗斩波器模块 A_{14} 上的门极可关断晶闸管 GTO: V_1,晶闸管 GTO 打开制动电阻 R_B,制动电阻 R_B 与电容并联,将电机上的制动能量转变成电阻的热能消耗掉,此过程称为电阻制动(亦称能耗制动),电阻制动能单独满足常用制动的要求。电阻制动的结构,如图 6-20 所示。

电阻制动是承担电动机电流中不能再生的那部分制动电流。再生制动电流加电阻制动电流等于制动控制要求的总电流,此电流受电动机电压的限制。再生制动与电阻制动之间的转换由牵引控制单元 DCU 控制,能保证它们连续交替使用,转换平滑。

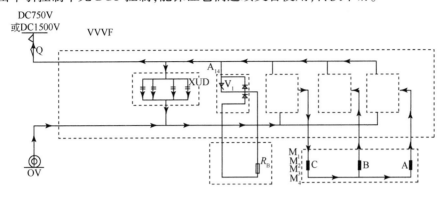

图 6-19　再生制动的结构

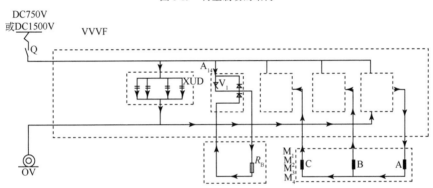

图 6-20　电阻制动的结构

知识链接

电制动的制动过程:当列车处于高速时,动车采用再生制动,将列车动能转换成电能;当再生制动无法再回收时,再生制动能够平滑地过渡到电阻制动。

电制动具有独立的滑行保护功能。由于四台电动机是并联连接的,因此当牵引控制单元 DCU 检测出任意一根轴发生滑行时,牵引控制单元 DCU 只能对四台电动机进行同步控制,同时降低或切除四台电动机的电制动力。

课题四　EP2002 制动控制系统

EP2002 制动控制系统是由德国克诺尔公司研制生产的,为电气模拟指令式制动控制系统,其核心部件是 EP2002 阀,负责空气制动系统的控制、监控及与车辆控制系统的通信。

EP2002 制动控制系统与常规的制动控制系统的最大区别在于:常规的制动控制系统采用车控式,即一个制动电子控制单元控制同一节车的 2 个转向架;而 EP2002 制动控制系统采用架控式,即一个 EP2002 阀控制 1 个转向架,这样万一当一个 EP2002 阀出现故障时,只有一个转向架上的空气制动失效,减小了对车辆产生的影响。

与常规制动控制系统相比,由于 EP2002 制动控制系统具有突出的优点,目前已经在国内外多个新造城市轨道交通车辆中获得了应用。广州地铁 3 号线是世界上首个采用 EP2002 制动控制系统的城市轨道交通车辆项目。

一、EP2002 制动控制系统的主要组成部件

EP2002 制动控制系统主要由 EP2002 阀、制动控制模块以及其他辅助部件组成,部件集成化程度高、节省了安装空间,同时也便于安装、使用和维护。

1. EP2002 阀

EP2002 阀相当于常规制动控制系统中制动电子控制单元 BECU 和制动控制单元 BCU 的集成部件。根据功能的不同,EP2002 阀可以分为智能阀、RIO 阀(远程输入/输出阀)和网关阀,每节车设有 2 个 EP2002 阀,每个 EP2002 阀都安装在其控制的转向架附近的车体底架上,所有的 EP2002 阀上都提供了多个压力测试接口,可以方便地测量制动风缸压力、制动缸压力、载荷压力、停放制动缸压力等。EP2002 阀的主要技术指标和外形图分别见表 6-1、图 6-21 所示。

EP2002 阀的主要技术参数　　　　　　　表 6-1

项　　目	网 关 阀	RIO 阀	智 能 阀
最高工作压力(bar)	10.3	10.3	10.3
允许环境温度(℃)	-25 ~ +55	-25 ~ +55	-25 ~ +55
防护等级	IP66	IP66	IP66
额定工作电压(V)	110	110	110
额定功率(W)	85	85	70
质量(kg)	18.5	18.5	17.2
外形尺寸(mm)	210×210×324	210×210×324	210×210×268

图 6-21　EP2002 阀

(1)智能阀。智能阀是机电一体化的产品,包括一个直接安装在气阀上的电子控制部

件。智能阀产生电控制信号直接控制气阀,对其控制的转向架的电—空制动和车轮滑行进行控制,并通过 CAN 总线与其余 EP2002 阀进行通信。另外,智能阀还可对该转向架的气制动系统进行故障诊断及故障显示。智能阀通过硬连线与列车安全回路(紧急制动回路)相连,当列车安全回路失电时,智能阀将使其控制的转向架产生紧急制动。

(2)RIO 阀。RIO 阀除了具有智能阀的所有功能外,还可以通过硬连线与其控制的转向架上的牵引控制单元进行通信,使电制动和空气制动协调工作。

(3)网关阀。网关阀除了具有 RIO 阀的所有功能外,还具有制动管理功能。另外,EP2002 制动控制系统(包括网关阀、RIO 阀和智能阀)由网关阀的通信卡通过 MVB 总线(或其他总线)与列车控制系统进行通信。

2. 制动控制模块

如图 6-22 所示,制动控制模块主要由风缸及其他一些辅助部件组成。上述装置也被集成到一个构架上,采用模块化结构,节省了安装空间,同时也便于安装、使用和维护。制动控制模块的主要作用是储存风源、施加和缓解停放制动以及向 EP2002 阀和空气悬架装置供风。

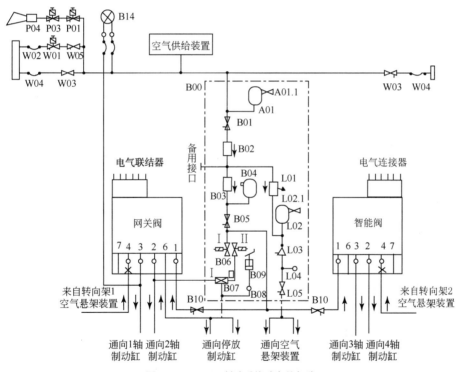

图 6-22 EP2002 制动系统动车的气路

3. 其他辅助部件

(1)空气制动力切除装置。为了便于维护和隔离,在制动风缸向 EP2002 阀供风的气路中设有两个塞门(B10,见图 6-22)。一般将这两个塞门安装在座椅下便于进行操作。操作其中一个的塞门,可以将其控制的转向架上的空气制动切除。

(2)双针压力表。在每个 A 车驾驶室内设有一个双针压力表(B14,见图 6-22)用于显示主风缸压力和本车第一根轴上的制动缸压力,带有内照明并提供常规测试/校正用的接口。

二、EP2002 制动控制系统的作用原理

1. EP2002 阀内部气路的结构

如图 6-23 所示，所有 EP2002 阀的内部气路是相同的，为了便于理解，将其功能区域分成几个区域予以说明。

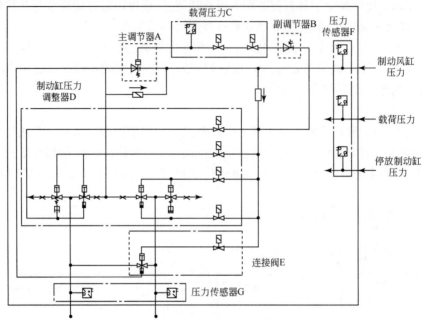

图 6-23　EP2002 阀内部气路的结构

(1) 主调节器（"A"区域）。它由 1 个中继阀负责调整压力到相应载荷的紧急制动压力值。如果电子称重系统发生故障，该阀也负责提供一个最小的空载紧急制动压力。

(2) 副调节器（"B"区域）。它在主调节器的上游，副调节器负责限制供给到制动缸的最大压力不超过超员载荷下紧急制动压力的水平。

(3) 载荷压力（"C"区域）。它负责提供控制压力到主调节器中继阀。这个控制压力在常用制动和紧急制动时有效，并且与空气悬架压力（ASP1.ASP2）成正比。

(4) 制动缸压力调整器（"D"区域）。它负责将主调节器的输出压力调整成要求的制动缸压力大小。制动缸压力调整区域也负责防滑保护功能激活时的制动缸压力调节。为了安全起见，紧急制动电路和常用制动控制电路是分开的。

(5) 连接阀（"E"区域）。它可以使制动缸压力连接到一起或分开。在常用制动和紧急制动时，将 2 根轴上的制动缸输出气路连接到一起，以转向架为单位施加制动；在车轮防滑保护功能激活时，2 根轴的制动缸压力被分离开来，每根轴上的制动缸压力是由制动缸压力调整阶段单独控制的。

(6) 压力传感器（"F"和"G"区域）。它用于内部调节或外部显示（制动风缸压力、载荷重量、制动缸压力、停放制动）。

按照上述功能区域进行划分，仅为方便理解该阀内部气路特性。EP2002 阀是一种精密的机械电子阀，由上百个零件组成，供货时将以整体的形式提供给车辆制造商。

2. EP2002 制动控制系统的网络结构

EP2002 制动控制系统的网络结构,关系到列车制动控制以及制动力分配等关键问题,因此非常重要。EP2002 制动控制系统具有很高的可用性和灵活性,可以与多种总线结构兼容,如 MVB 总线、RS485 总线、LONBUS 总线和 FIP 总线等。制动控制系统网络结构的设置,主要应从安全性、可靠性、经济性等方面考虑。下面,以 6 节编组的城市轨道交通车辆为例,对目前应用较多的两种 EP2002 制动控制系统网络结构进行说明。

(1)半列车 CAN 总线的网络结构。

半列车 CAN 总线的网络结构,是将半列车所有的 EP2002 阀用 CAN 总线相连,并由 B 车和 C 车上的两个网关阀通过 MVB 总线(或其他总线)与列车控制系统进行通信,见图 6-24。每半列车上 B 车和 C 车中的一个网关阀将被定义为主网关阀,而另一个被定义为从网关阀。当主网关阀出现故障时,从网关阀能够自动接替主网关阀的工作,保证了系统的冗余性。如果 MVB 总线(或其他总线)出现故障,则网关阀将按照默认状态工作。另外,总线由两对双绞线组成,具有较好的冗余性。

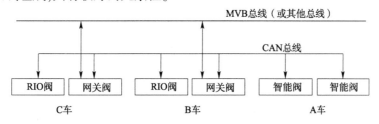

图 6-24 半列车 CAN 总线的网络结构

在 B 车和 C 车上各设置 1 个 RIO 阀的目的是 RIO 阀可以通过硬连线与其控制的转向架上的牵引控制单元进行通信,使电制动和空气制动协调工作。根据每个项目的实际情况,在充分研究网关阀与车辆总线信息传输量的情况下,可以考虑用网关阀与 MVB 总线(或其他总线)之间的通信来代替 RIO 阀与本转向架牵引控制单元的通信工作;这样 B 车和 C 车上的 RIO 阀就可以用智能阀来代替,增强了部件的互换性,同时也减少了备品备件的种类,经济性更好。

(2)单节车 CAN 总线的网络结构。

单节车 CAN 总线的网络结构,是将每节车上的两个 EP2002 阀用 CAN 总线相连,并由每节车上的网关阀通过 MVB 总线(或其他总线)与列车控制系统进行通信。其网络结构图如图 6-25 所示。如果 MVB 总线出现故障,则网关阀将按照默认状态工作。

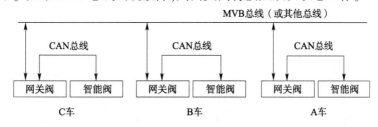

图 6-25 单列车 CAN 总线的网络结构

半列车 CAN 总线网络结构与单列车 CAN 总线网络结构的对比分析,可以从如下两个角度考虑:

①从安全性和可靠性角度进行分析。半列车 CAN 总线网络结构中的从网关阀作为主网关阀的备份,具有较好的冗余性,如果 CAN 总线在 A、B 车之间断开,将导致 A 车的空气制动失效,但发生这种故障的概率是比较低的;而在单节车 CAN 总线网络结构中,如果某节车上的网关阀出现故障,则本节车空气制动失效;如果某节车上的 CAN 总线断开,则一个转向架上的空气制动失效。经过上述对比可见,半列车 CAN 总线网络结构的安全性和可靠性,略高于单节车 CAN 总线网络结构。

②从经济性角度进行分析。半列车 CAN 总线的网络结构比单节车 CAN 总线的网络结构少使用一个网关阀,多使用一个 RIO 阀或智能阀。如单纯从 EP2002 阀的总价格来考虑,半列车 CAN 总线的网络结构的价格低于单节车 CAN 总线的网络结构。但是,由于半列车 CAN 总线的网络结构比单节车 CAN 总线的网络结构所使用的 CAN 总线更长,从综合成本考虑,两者基本相同。

3. EP2002 制动控制系统的制动管理及工作逻辑

在单节车 CAN 总线网络结构的 EP2002 制动控制系统中,一般选择由列车上的主车辆控制单元(VCU)负责列车的制动管理。除紧急制动外,主车辆控制单元 VCU 控制列车电制动力与空气制动力的分配。制动力指令由列车总线传输给 VCU 和网关阀,主车辆控制单元 VCU 连续循环计算车辆系统所需制动力的大小,实际总制动力值由车辆的载荷所决定。主车辆控制单元 VCU 再根据网压、电制动/空气制动分配特性将总制动力合理分配给电制动控制单元和空气制动控制单元。另外,为了使列车具有载荷补偿功能和制动故障时车辆内部制动力的合理分配,车辆控制单元 VCU 和网关阀之间,通过列车和车辆总线进行实际制动力施加值的数据交换。

在半列车 CAN 总线网络结构的 EP2002 制动控制系统中,可以选择由列车上的主车辆控制单元(VCU)负责列车的制动管理;也可以设置两个半列车 CAN 总线网络结构中的任何一个主网关阀作为整列车的主网关阀,负责列车的制动管理,另一个半列车 CAN 总线网络结构中的主网关阀作为备份。如图 6-26 所示。

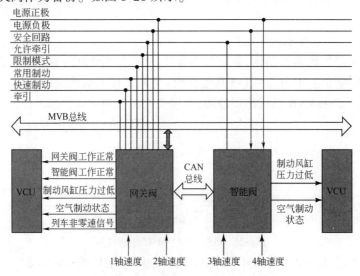

图 6-26 EP2002 制动系统工作示意图

4. 制动控制

(1) 常用制动。在常用制动模式下,电制动和空气制动一般都处于激活模式,以便电制动和空气制动之间的及时转换。常用制动优先采用电制动,当电制动故障或电制动力不足时,由空气制动补充,以达到要求的常用制动减速度。常用制动具有防滑控制功能并且受到冲击极限的限制。每个 EP2002 阀测量本转向架的载荷,并通过局部制动控制卡传输数据到 CAN 总线。CAN 总线内的主网关阀通过 MVB 总线(或其他总线)与列车控制系统进行通信,根据列车控制数据和转向架载荷为本节车的每个转向架产生单独的、与载荷信号相关的空气制动力指令,并通过 CAN 总线将指令发给各个 EP2002 阀。上述过程考虑到了每个转向架的黏着限制情况,每个局部制动控制卡通过气动阀和气动阀单元内的传感器反馈信号提供闭环摩擦制动控制。

(2) 快速制动。当司机操作主控制器手柄使其处于快速制动位时快速制动被触发。快速制动是一种特殊的制动模式。快速制动与紧急制动的制动率相同。快速制动优先使用电制动,当电制动故障或电制动力不足时由空气制动补充。快速制动时,快速制动命令是可以恢复的,具有防滑控制功能并且受到冲击极限的限制。快速制动时 EP2002 制动控制系统的工作原理基本与常用制动时的相同。

(3) 紧急制动。它是列车在紧急情况下而采取的制动方式。紧急制动是通过列车安全回路来控制的,一般情况下紧急制动可以由以下系统或元件触发:紧急按钮、列车超速、警惕按钮、车钩断钩、ATP 系统等。紧急制动一经触发,列车安全回路中断,触发信号传输给列车控制单元和牵引控制单元,牵引控制单元中断牵引系统工作。紧急制动是按照比常用制动更高的制动率而设计的。紧急制动仅仅由空气制动提供,且制动命令在停车之前是不可恢复的,紧急制动时具有防滑控制功能但不受冲击极限的限制。

(4) 停放制动。为了满足列车较长时间停放的要求,停放制动采用弹簧施加,压缩空气缓解方式;另外,停放制动时还具有手动缓解功能。EP2002 阀将实时监控停放制动缸的空气压力。

(5) 保压制动。激活保压制动的条件:当城市轨道交通列车施加制动后,当检测到列车停车(列车速度约为 0.5km/h,可以根据不同的情况进行调整)后,由 EP2002 阀激活保压制动,以防止列车溜动。保压制动力的大小将保证 AW3 载荷的列车停在最大坡度线路上而不会产生溜动。

缓解保压制动的条件如下:

①司机将主控制器手柄打在牵引位,每个牵引系统将牵引力的实际值发送给列车主车辆控制单元 VCU。

②主车辆控制单元 VCU 计算列车牵引力实际值的总和。

③牵引力实际值的总和足以起动列车(会引起列车后溜)。

④主车辆控制单元 VCU 向 EP2002 阀发出"缓解保压制动"信号。

空气制动的状态信号将反馈给主车辆控制单元 VCU,VCU 通过该信号确认制动是否缓解,如果空气制动在某一时间段内没有完全缓解,则 VCU 将向各牵引系统发出中断牵引的指令,并再次施加保压制动。

(6) 车轮防滑保护功能。车轮防滑保护系统采用轴控防滑方式,包括防滑阀、测速齿轮、速度传感器、防滑电子控制单元。防滑电子控制单元和防滑阀都集成在EP2002阀内。

车辆防滑保护控制集成在EP2002控制系统内。系统通过控制制动力来检测和校正车轮滑行。安装于每根轴上的速度传感器用来监控轴速,这个信息共享于CAN区域内的EP2002阀。

如果EP2002阀检测到滑行,它将控制制动缸压力来校正该轴上的车轮滑行。当列车制动并且检测到滑行存在时,车轮防滑保护控制能独立控制每根轴的制动力。该种检测车轮滑行的方法用于确定低附着情况的存在条件如下:

①单根轴过大的减速度。

②每根轴和旋转速度最高的轴的速度偏差。

当由上述任意一条件检测到车轮滑行,则负责该转向架的EP2002阀将快速连通该轴制动缸与大气之间的通路,通过减小制动缸的压力来消除滑行现象;同时控制系统将定期执行地面速度检测,以便更新计算真实的列车速度。系统能根据轨道条件精确地控制滑行深度,这将改进后面车轮的附着条件,在低附着情况下使用最大制动力,同时确保没有车轮擦伤。当车轮防滑保护装置计算确定附着条件回到正常状态,系统将返回到最初的状态,地面速度检测将结束。

除此之外,EP2002制动控制系统还具有空气制动和停放制动状态检测功能、制动风缸压力过低检测功能、自测功能、故障记录功能等。

三、EP2002制动控制系统的优点和缺点

1. EP2002制动控制系统的优点

(1)减小了故障情况下对列车的影响。如果一个EP2002阀出现故障,则只有一个转向架的制动失效,城市轨道交通列车只需要对此转向架损失的制动力进行补偿;而如果常规制动控制系统中的制动电子控制单元BECU出现故障,城市轨道交通列车需要对本节车损失的制动力进行补偿。所以使用架控方式的EP2002制动控制系统尤其适合于短编组的城市轨道交通列车。

(2)缩短了制动响应时间。根据克诺尔的试验数据,制动控制系统的响应时间比常规制动控制系统的响应时间缩短很多。

(3)提高了制动精确度。常规制动控制系统的精确度约为±0.2bar;而EP2002制动控制系统提供给制动缸制动力的精确度可以达到±0.15bar。

(4)空气消耗量减少。由于EP2002阀靠近转向架安装,从EP2002阀到制动缸的管路长度减小,所以在制动时的空气消耗量将减小,同时空气泄漏量也将减小。

(5)节省安装空间、减小质量、减少布管和布线数量。

(6)更高的可靠性和可用性,降低了故障率。根据克诺尔的计算,EP2002制动控制系统的故障率比常规制动控制系统的故障率减少了约50%左右。

(7)维护工作量小。EP2002制动控制系统部件集成化程度较高,需要维护的部件较少,大修期从常规制动控制系统规定的6年提高到9年。

(8)缩短了安装和调试时间。

(9)降低总体成本。EP2002制动控制系统的产品价格基本与常规制动控制系统价格相同;但是由于缩短了安装和调试时间以及后期维护费用降低等原因,EP2002制动控制系统

的花费将低于常规制动控制系统。

（10）可以根据每个转向架的载荷压力调整施加在本转向架上的制动力，比常规制动控制单元以每节车载荷压力进行制动力控制更加精确和优化。

2. EP2002 制动控制系统的缺点

（1）关键部件维护难度增大。由于 EP2002 阀的技术含量和集成化程度很高，在 EP2002 阀出现故障时，基本上都需要将整个阀送回制造厂家进行维修，且维修周期长；而如果常规制动控制系统出现故障，只需有经验的工作人员直接查找并更换故障部件（如压力传感器、防滑阀、印刷电路板等），就可缩短维护周期，减少对车辆产生的影响。

（2）互换性差。在 EP2002 制动控制系统中，如果一个 EP2002 阀出现故障，只能够用相同类型的阀进行更换；而常规制动控制系统中的制动电子控制单元 BECU 甚至 BECU 中单独的印刷电路板，在所有车上都可以互换。

（3）无直观的故障显示代码。常规制动控制系统中的制动电子控制单元 BECU 安装在车上电器柜内，可以提供 4 位数字的故障代码显示，有利于工作人员查找故障；而 EP2002 制动控制系统没有直观的数字故障代码显示功能，工作人员只能通过专用软件才能查找故障。

单元练习

一、选择题（不定项选择）

1. 下列属于城市轨道交通车辆电制动的是（　　）。
   A. 再生制动　　　　　　　　　　B. 电阻制动
   C. 空气制动　　　　　　　　　　D. 弹簧压力制动

2. 在城市轨道交通车辆制动过程中，城市轨道交通车辆首先应充分利用（　　）。
   A. 机械制动　　　　　　　　　　B. 电制动
   C. 空气制动　　　　　　　　　　D. 弹簧压力制动

3. 城市轨道交通车辆的空气制动系统由供气设备、（　　）、防滑装置和制动控制单元组成。
   A. 基础制动装置　　　　　　　　B. 空气压缩机
   C. 空气干燥器　　　　　　　　　D. 闸瓦制动装置

4. 闸瓦基础制动装置在制动时，由（　　）的压力提供推力。
   A. 制动缸　　　　　　　　　　　B. 制动控制单元
   C. 轮对　　　　　　　　　　　　D. 闸瓦自身

5. 城市轨道交通车辆采用的空气压缩机一般要求（　　）。
   A. 噪声低　　　　　　　　　　　B. 振动小
   C. 结构紧凑　　　　　　　　　　D. 维护方便

6. 下列不属于螺杆式空气压缩机工作阶段的有（　　）。
   A. 吸气过程　　　　　　　　　　B. 压缩过程
   C. 排气过程　　　　　　　　　　D. 混合过程

7. 下列不属于电制动系统设备的是( )。
   A. 调频调压逆变器　　　　　　　　B. 牵引控制单元
   C. 牵引电动机　　　　　　　　　　D. 空气压缩机
8. 下列说法错误的是( )。
   A. EP2002 制动控制系统主要由 EP2002 阀、制动控制模块以及其他辅助部件组成
   B. EP2002 制动控制系统的部件集成化程度高、节省了安装空间
   C. 根据功能的不同,EP2002 阀可以分为智能阀、RIO 阀和电磁阀
   D. EP2002 制动控制系统的部件便于安装、使用和维护

二、判断题

1. 城市轨道交通车辆制动系统应具有足够的制动力,保证城市轨道交通列车在规定的制动距离内停车。( )
2. 在列车制动过程中,再生制动属于空气制动。( )
3. 在电制动初期,动车的电动机可转变为发电机,将列车制动产生的动能经过转换,变成直流电输送回第三轨。( )
4. 空气制动就是靠列车运行中的空气阻力进行制动。( )
5. 盘形制动的制动功率比闸瓦制动小得多。( )
6. 螺杆式空气压缩机的最大缺点是可靠性低和寿命较短,但其维护比较简单。( )

三、简答题

1. 简述城市轨道交通车辆制动系统的特点。
2. 简述再生制动、电阻制动和空气制动 3 种制动方式的制动程序。
3. 简述 EP2002 制动控制系统与常规的制动控制系统的区别。

四、综合实训

1. 实训目标
   (1)能够区分闸瓦制动和盘型制动的不同;
   (2)能够利用列车模拟驾驶器的仪器仪表的显示,区分几种制动类型的特点。
2. 实训设备
   闸瓦制动和盘形制动实训设备、列车模拟驾驶器。
3. 实训内容
   (1)对照闸瓦制动和盘形制动实训设备,指认其组成部分,并说明其作用(填入下表)。

序号	制动类型	组成部分	作　用
1	闸瓦制动	制动缸	
2		基础制动装置	
3		闸瓦	
4		闸瓦间隙调整器	

续上表

序号	制动类型	组成部分	作　用
5	盘形制动	单元制动缸	
6		夹钳装置	
7		闸片	
8		制动盘	

（2）在列车模拟驾驶器进行列车制动的操作，对比几种不同制动类型的特点（填入下表）。

序号	制动类型	仪器仪表显示	特　点
1	常用制动		
2	快速制动		
3	紧急制动		
4	保压制动		
5	停放制动		

单元七　电力牵引系统

城市轨道交通列车电力牵引系统是城市轨道交通车辆的核心部件,是列车动力的来源。轨道交通车辆通过受流器从第三轨或架空接触网接收电能,通过车载的变流装置给安装在转向架上的牵引电动机供电;牵引电动机根据列车需要提供牵引力或制动力,完成列车的牵引与制动。因此,电力牵引系统的安全性和可靠性,直接决定着列车的运行质量和乘客乘坐的舒适度。

(1)现代地铁列车的电力传动系统具有的特点;
(2)电力牵引系统的组成;
(3)交流变压变频电力牵引系统的工作原理;
(4)牵引逆变箱的结构组成。

(1)能认识电力牵引系统主要部件,并能够指出各自所处的位置;
(2)能认知不同的供电方式所采用的受流装置。

课题一　电力牵引系统概述

图7-1　牵引传动装置

电力牵引是一种以电能为动力的牵引方式。地铁列车电力牵引系统通常由受流器从第三轨(输电轨)或架空接触网接受电能,通过车载的变流装置给安装在转向架上的牵引电机供电,将电能转换为机械能。通过齿轮传动箱和轮对,驱动地铁列车运行,如图7-1所示。

现代地铁列车的电力传动系统具有如下特点:

(1)电力传动技术由最初的变阻调速发展到斩波器调速,进一步发展,则在应用三相异步牵引电动机的动车中采用了变频变压(VVVF)技术。目前,逆变器技术在地铁电动车组上得到了广泛的应用。

(2)在车辆电力传动系统中,牵引变流器(包括斩波器、逆变器等)广泛采用了GTO(门极可关断晶闸管)及IGBT(绝缘栅极双极型晶体管)模块或IPM(智能功率模块)作为主开关器件;特别是IGBT或IPM模块对较高频率工作的电路也有较好的适应能力。

(3)微电子技术在地铁车辆的牵引、制动、辅助控制、信息显示和储存、防滑与防空转控制及行车安全等方面得到了广泛的应用。

(4)车辆的制动,除了采用摩擦制动外,还采用了电气制动技术,如再生制动、电阻制动及磁轨制动等,以提高运行过程中的节能效果与安全性。

就世界地铁车辆的现状而言,随着电力电子器件和计算机技术的发展,牵引传动系统大致经历了20世纪80年代前的凸轮变阻调压直流传动系统、80年代的斩波调压直流传动系统和90年代的变压变频的交流传动系统3个阶段。

交流传动系统与直流传动系统相比有以下优点:
(1)可充分利用黏着,减少动车比重。
(2)主电路无触点化,电机无换向器和电刷,提高了运行可靠性,减少了维修量。
(3)再生制动可从高速持续到8km/h以下,安全平稳、节省电能。
(4)交流电动机结构简单、寿命长,可延长检修周期等。

目前的城市轨道交通车辆,交流传动系统的交流装置已普遍采用场效应管(IGBT)组件,将电力电子器件与驱动电路、保护电路、检测电路等集成在一个芯片或模块内的智能功率模块(IPM)也已经开始使用。辅助电路是为了保证车辆正常运行和客室的舒适性,包括车辆上所需要的许多辅助设备(如压缩机、空调机、控制设备等)及其供电设备(如直流变交流的静止逆变器等)和连线。车辆上的控制电路是低压小功率电路,分为有接点的直流电路和无接点的电子电路。前者是由主控制器、继电器、控制电路的低压部分及联锁接点组成;后者由微机及各种电子插板等组成,有列车牵引控制单元、制动控制单元、空调控制单元、逆变器控制单元等。控制电路的作用是控制主电路及辅助电路的各种电器的协调动作,通过司机操纵主控制器各手柄和操纵按钮,使动车组按司机意图或由列车自动运行控制系统控制而运行。

知识链接

目前,在我国地铁列车牵引系统中,按其传动与控制方式可分为直流变阻牵引系统(如北京地铁1号线部分车辆)、直流斩波调阻牵引系统(如上海地铁1号线部分车辆)和交流传动牵引系统(如上海地铁2号线车辆和广州地铁1号线车辆等),其发展趋势与世界牵引技术发展主流基本一致。

一、电力牵引系统的组成

电力牵引系统主要由牵引电动机、受流器、高压箱、MCM(牵引逆变器模块)、过压保护电阻、电抗器和辅助电源系统等组成。其中辅助电源系统由蓄电池、辅助逆变器模块和紧急通风逆变器组成。如图7-2所示。

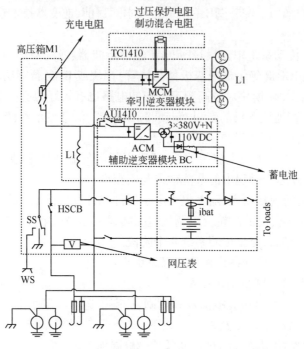

图7-2 北京某型号地铁列车M1车牵引系统的结构

地铁的电力传动与控制方式可分为:直流调阻方式、直流斩波方式和交流变压变频(VVVF)方式,如图7-3所示。

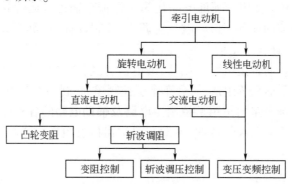

图7-3 地铁的电力传动与控制方式

早期北京地铁有BJ—4型和BJ—6型两种典型车型,全部采用动轴,各由一台76kW的直流牵引电动机驱动,每台牵引电动机额定电压为750V,额定电流230A,在每一节车组的4台牵引电动机中,同一转向架的两台牵引电动机串联成一个机组,在牵引工况下,同一车辆的两个机组串联或并联。BJ—4型和BJ—6型地铁车辆的根本区别在于前者采用变阻控制器进行主回路中电阻的切换,以实现调速;而后者利用可控硅斩波器调阻调速,实现无级平滑调节。

上海地铁1号线车辆,每单元由A、B、C三节车辆组成,A车是拖车,B、C车为动车。每一动轴由一台全悬架的牵引电动机CUS5668B型直流串励电动机驱动,额定功率为207kW,额定电流为302A,额定电压为1500V;同一动车中4台牵引电动机接成两串两并连接,故加在每台牵引电动机上的实际额定电压为750V,额定转速为1470r/min,利用可控硅斩波器调阻调速。在电阻制动工况下,最大制动电流为360A。

广州地铁1、2号线车辆与上海地铁1号线车辆编组基本一致,但采用三相异步交流牵引电动机驱动,利用交流变压变频(VVVF)的方式控制。

二、交流变压变频电力牵引系统的工作原理

车辆通过受流器由第三轨(或接触网)供电。直流750V(或直流1500V)电压经高压元件和线路滤波器供给MCM(牵引逆变器模块)。MCM将直流电压转化为变频变压的交流电压,用来驱动电动机。在制动模式上,电力牵引系统将能量反过来转化,牵引电动机与发电机相似,发出电能。电制动能量反馈到电网供给其他列车,如果无其他列车消耗电能,则将以热量消耗在制动电阻上。

课题二　电力传动主电路与控制

一、直流调阻车辆的传动与控制

早期城市轨道交通车辆的传动与控制主要采用直流调阻的方式,现以BJ－4型(DKl6型)车辆为例介绍直流调阻方式。

1. BJ－4型(DKl6型)车辆传动系统的组成及功能

BJ－4型(DKl6型)车辆主回路原理的电路图,如图7-4所示。其主要电气元件及其功能如下:

(1)1D～4D:直流串励牵引电动机。

(2)QGD:受流器,借助第三轨将电源引入。

(3)GK:主隔离开关,用于无载分断三轨电源。

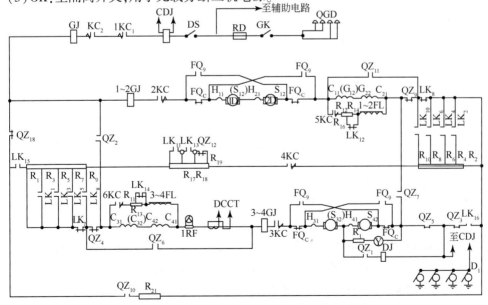

图7-4　BJ－4型(DKl6型)车辆主回路原理的电路图

(4) R：下熔断器，用于主回路短路保护，动作值 500~1200A。

(5) DS：快速断路器，对主回路起过载及短路保护作用。

(6) CDJ：差动继电器，作为主回路牵引工况下的搭铁保护电器，其动作值为电流差值 80A。

(7) KC：电空接触器。

(8) GJ：总过载继电器，动作值 980A；分过载为 1~3GJ 及 2~4GJ，动作值 490A。用于主回路过载保护。

(9) FQ：前进后退转换开关主触头，用于改变车辆的运行方向（8 个主触头）。

(10) QZ：牵引制动转换开关，用于改变车辆牵引或电阻制动工况（12 个主触头）。

(11) RF：直流电流表分流器，用以提高电流表量程。

(12) C_{11}、C_{12}、C_{22}、C_{21} 及 C_{31}、C_{32}、C_{41}、C_{42}：电动机串励主极绕组。

(13) 1~2FL 及 3~4FL：感应分流器。在磁场削弱时，与磁场削弱分路电阻一起接入，利用电感具有阻碍电流变化的特性，使磁场削弱时分路电流变化不致过快，防止引起瞬时磁场削弱系数过深的可能。

(14) LK：变阻控制器，用以进行电阻的切换及与 KC 配合进行主回路的串并联转换。

(15) R：起制动电阻，限制启动电流过大以及满足电动机的调速要求，并限制制动电流过大而设置。

(16) DJ：搭铁继电器，用于主回路电阻制动工况下的搭铁保护。动作值 0.2A，它动作后 KC 跳开，切断主回路。

(17) DC：直流电流互感器，用作主回路电流检测，它将检测的电流信号传送到磁放大器中，然后去控制加速度继电器的输出从而控制可控硅 S_1 与 S_2 的触发导通或截止，使 LK 上的两个电磁阀 ILK 和 IILK 线圈得电或失电，最后完成 LK 变阻控制器的进级过程。

(18) Di：搭铁装置。

(19) Ri：电压表倍率器，用以扩大电压表量程。

2. BJ-4 型（DKl6 型）车辆电力传动系统主回路原理

从图 7-4 中可以看出在牵引工况及电阻制动工况 BJ-4 型车辆传动及其控制情况。

(1) 牵引工况分 I、II、III 三个工作位。

①在牵引 I 位时，通过控制电器按合表的规定自动闭合或断开，使牵引电动机 1D~4D 串联在一起工作，为限制启动电流过大，而将全部起制动的电阻串联在主回路中。

同时，为了降低启动转矩，使启动平稳而不发生冲动或引起空转而进行了最深的磁场削弱 β_{min} 为 45%。在这一工作位，列车速度最高可达 8~13km/h，电流整定值为 250A，此工作位为启动或调车位，不能久留。

②牵引 II 位，通过控制磁放大器、可控硅及电磁阀最终由变阻控制器 LK 通过切电阻来完成 1~11 级的进级过程。在 12 级时磁场削弱 $\beta_1 = 65\%$，在 13 级磁场削弱 $\beta_2 = 45\%$（即达 β_{min}）。此 II 级内 4 台牵引电动机全串联，列车速度可达 40~50km/h，电流整定值为 350A 左右。

③牵引 III 位，牵引电动机改为两串两并接法，并在两并联支路中逐级切电阻，最后进级是实行二级磁场削弱；最深的磁场削弱系数为 45%，列车速度可达 65~80km/h，电流整定值为 350A 左右。

(2)制动工况分Ⅰ、Ⅱ、Ⅲ三个工作位。

①制动Ⅰ位,通过牵引制动转换开关的闭合,电空接触器和变阻控制器的闭合,首先形成了两组牵引电动机的交叉励磁,交差励磁的好处是能使这两个电阻制动主回路中的负载平衡。进一级,全部电阻接入,电动机作发电机运行。

②制动Ⅱ位,这一制动位从二级开始自动进级,自中间后两边依次轮流切除起制动的电阻,以实现对制动电流的恒流控制。制动Ⅱ位从2级开始进级到19级,制动Ⅱ位的制动电流整定值大于制动Ⅰ位,因此,制动力大,制动效果明显。

③制动Ⅲ位,工作过程与制动Ⅱ位相似,进级过程也与制动Ⅱ位时一样。所不同的是制动电流整定值加大,使制动过程加快,制动力更大,因此制动Ⅲ位又称快速制动位,列车很快会停下。

二、直流斩波车辆的传动与控制

BJ-6型车辆主电路及其控制与BJ-4型不同之处在于,前者不用变阻控制器LK来切换电阻,而是采用了可控硅斩波器无级平滑地调节电阻,这样不但调节平稳,而且去掉了LK,在主回路中减少了许多触头,从而减少了因此引起的故障次数及维修工作量。

BJ-6型车辆主回路原理的电路图,如图7-5所示。其主要电气元件及功能如下:

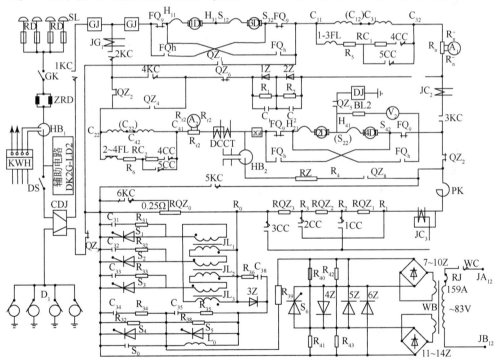

图7-5 BJ-6型车辆主回路原理的电路图

S_1、S_2、S_3-主可控硅;S_4、S_5-副可控硅;C_0-换流电容器;L_0-换流电感;3Z-旁路二极管;R_3、R_{38}-静态均压保护电阻;R_{31}、R_{32}、R_{34}、R_{35}、R_{36}-动态均压电阻;$C_{31} \sim C_{36}$-动态均压保护电容;RQZ-起制动电阻;R_{39}-预充电电阻;JL_1、JL_2、JL_3-均流电感;WC-预充电接触器;RJ-热继电器;WB-变压器;7~10Z、11~14Z-空波整流桥路;S_6-可控硅;R_{41}、R_{42}—4Z、5Z的均压电阻;R_{40}、R_{43}-单相全波整流桥路输出负载

(1) SL:受流器,每节车 4 个,借助于第三轨为车体引入电能。

(2) RD:熔断器,直接保护受流器,以防止第三轨直接与走行轨之间构成短路,造成危害。

(3) GK:主隔离开关,供专人手动无载分断三轨电源用。

(4) ZRD:主回路总熔断器,用以对一回路进行短路保护。

(5) HB_1:霍尔传感器,控制主回路电流,供电度表 KWH 使用。

(6) DS:直流快速断路器(开关),对回路起过载保护作用。

(7) CDJ:差动继电器,作为主回路在牵引工况下的搭铁保护。其动作值为电流差值 80A。

(8) KC:电空接触器。

(9) GJ:总过载继电器,动作值 980A。

(10) FQ:前进后退转换开关主触头,FQ_9 向前,FQ_h 向后,其作用为改变电枢电流方向以改变牵引电动机转向,最终改变车辆的运行方向。

(11) H:牵引电动机换向极绕组。

(12) D:牵引电动机,共 4 台,1D、3D 为一组;2D、4D 为另一组。

(13) CD:电动机的主极绕组。

(14) A_1、A_2:电路中的两只电流表;R_{f1}、R_{f2} 为分流器。

(15) FL:感应分流器,为防止磁场削弱过渡过程中磁场削弱过深而设置。

(16) 1Z、2Z:桥式转换二极管,供电机进行串并联转换用。

(17) QZ:牵引制动转换开关,供牵引及制动工况转换用,共 8 个触头。

(18) DCCT:直流互感器,检测主回路中电流,达到触发箱内,控制副脉冲的发出时刻,以控制主可控硅导通角 α 的大小,从而对电阻进行切换控制。

(19) DJ:搭铁继电器,用于主回路在制动工况下的搭铁保护。

(20) V_2:电压表。

(21) BL_2:电压表倍率器,扩展电压表量程之用。

(22) JC_1、JC_2、JC_3:检测磁环。它们用以检测主回路的电流变化送入触发箱,控制斩波器的导通角。JC_1、JC_2 检测牵引 II 位到牵引 III 位时的电流变化,JC_3 检测切换电阻过程中的电流变化。

(23) Pk:平波电抗器。它用以敷平电流的脉冲,减小电流的脉冲系数,以改善电机的换向。

(24) HB2:霍尔传感器。它用以控制制动工况下的制动力,即它将检测出的电流信号,送往 SD 制动机的控制阀系统,将电信号转变为空气压力信号,决定空气制动投入的多少,从而使这两种制动方式很好地配合,既有足够的制动力,又不致使二者制动力叠加,以防抱死擦伤轮缘。

(25) RQZ_0、RQZ_1、RQZ_2、RQZ_3:皆为启动电阻。其他电阻为均压电阻及感应分路电阻等。

(26) D_i:搭铁装置。

(27) CH:斩波器。它用以切换调节电阻。

三、交流变压变频车辆的传动与控制

随着微电子技术和可控硅变流技术的飞速发展,城市轨道交通车辆的电力传动与控制系统采用了交流三相异步牵引电动机的电力传动系统。我国目前新修建的城市轨道交通线路的车辆均已采用这种传动方式。

下面以广州地铁 1 号线车辆传动与控制系统为例,介绍交流变压变频车辆的传动与控制。该系统由受电弓、高速断路器 HSCB、VVVF 牵引逆变器、DCU/UNAS(牵引控制单元)、牵引电动机、制动电阻等组成,并采用微机控制系统。列车受电弓从接触网受流,通过高速断路器后,将 DC1500V 送入 VVVF 牵引逆变器。VVVF 牵引逆变器采用 PWM 脉宽调制模式,将 DC1500V 直流电逆变成频率、电压可调的三相交流电,平行供给车辆四台交流鼠笼式异步牵引电动机,对电动机进行调速,实现列车的牵引、制动功能;其半导体变流元件采用 4500V/3000A 的 GTO,最大斩波频率为 450Hz;VVVF 输出电压的频率调节范围为 0～112Hz,幅值调节范围为 0～AC1147V。

图 7-6 所示,是广州地铁 2 号线车辆采用 VVVF 传动与控制的主回路原理图。

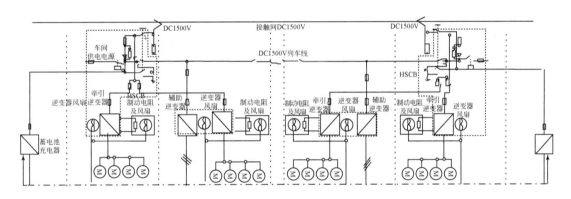

图 7-6　广州地铁 2 号线车辆电力传动主回路原理图

课题三　受流装置、高压箱及牵引逆变器

一、受流装置

受流器(缩写"CC")作为轨道交通车辆取电装置。在采用接触网供电的车辆中,受流器采用受电弓受流;在采用第三轨供电的车辆中,受流器则采用受电靴受流。如图 7-7、图 7-8 所示。

知识链接

在采用第三轨供电的车辆中,受流器与轨道旁边的导电轨连接。车辆的每个动力转向架的每侧均装有受流器(受电靴),向车辆提供电源。所有受流器都安装在转向架的侧面构架上。

图7-7 采用受电靴受流的受流装置示意图

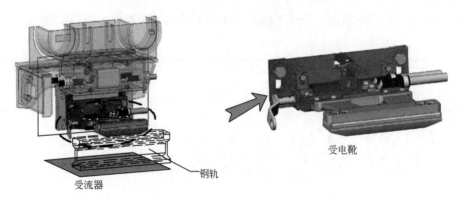

图7-8 第三轨受电方式受流装置的结构

二、高压箱

高压箱(M_1/M_2)包括：1个充电电路，1个高速断路器HSCB，1个选择开关和1个网压继电器。其作用原理，如图7-9所示。高压箱(M_3)包括：1个高速断路器、1个MCM充电电路和1个延伸模式的电流接触器。其作用原理，如图7-10所示。

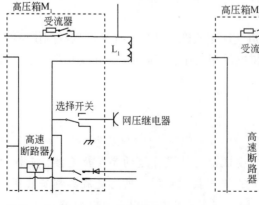

图7-9 高压箱(M_1/M_2)的作用原理 图7-10 高压箱(M_3)的作用原理

每个充电电路包括：1个充电电阻器、1个充电接触器和1个分离接触器。分离接触器和每个逆变器的1个充电电路用于把牵引系统连接、断开直流高压。

选择开关的3个作用位分别是正线位、车间电源位和搭铁位。其作用有：隔离第三轨受流靴；隔离车间电源；使主回路搭铁。

三、牵引逆变器

1. 牵引逆变器的发展

在城市地铁与轻轨车辆电气系统中，牵引逆变器指的是DC－AC（直流－交流）逆变系统。随着电力电子技术发展，它们在轨道交通车辆中的应用也在不断地进步与发展。这些变流系统中的电力电子器件都经历过从半控型晶闸管（SCR），全控型晶闸管（GTO）及绝缘栅双极型晶体管（IGBT）的发展过程。IGBT器件是电压驱动的全控型开关器件，脉冲开关频率高，性能好，损耗小，且自保护能力也强。

随着器件发展，还会有性能更好的电力电子器件进一步替代，采用新一代性能优良的电力电子器件，这是科技发展的必然趋势，标志着科技的进步。目前，世界上无论是干线铁路还是城市轨道交通的电动车辆的电气系统中均采用IGBT模块来构成。

随着IGBT性能的迅速发展，IGBT模块的电压等级和电流容量在不断提高。从1991年生产出了小型IGBT模块，其电压等级为1200V/300A，很快取代了在工业上通用变频器中所用的双极型晶体管；1993年出现了1700V/300A的IGBT，并已开始在城市电车上获得推广应用；到2000年后更出现了1700V/2400A、3300V/1200A和6500V/600A的高压IGBT，这些高压HV－IGBT很快地应用到铁道与城市地铁轻轨车辆中。由于其性能优越，加之其为绝缘型模块，整机的结构设计紧凑轻巧，且采用了低感母线技术与软门极的驱动技术并解决了热循环的寿命问题。目前，HV－IGBT模块已成为轨道交通电力牵引系统中应用的主导元件。IGBT在牵引领域的发展历程，如图7-11所示。

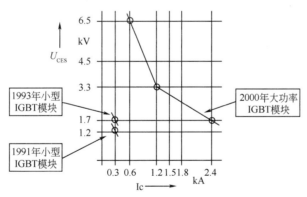

图7-11　IGBT在牵引领域的发展

随着城市发展，城市轨道交通供电网压制也从早期的DC600V和DC750V发展为DC1500V网压制，以适应大城市大客流量发展的需要。网压的提高对电力电子器件的电压等级提出了更高的要求，IGBT模块的电压等级也从1200V发展到1700V、3300V、4500V和6500V电压等级水平，国外已有多家公司批量生产与供货。

IGBT逆变器模块的优点如下：

(1) 开关损耗小,允许使用较高的开关频率,装置性能更好;
(2) 吸收电路小型化,甚至目前无须吸收电路,从而简化了逆变器主电路;
(3) 绝缘式模块结构便于设计与组装,简化了整个装置的结构;
(4) 开关转换均匀,提高了稳定性和可靠性;
(5) 并联简单,便于标定变流器功率等级;
(6) 作为电压驱动型器件,只需简单的控制电路来实现良好的保护功能。

当电压等级不够高时,在德国和日本曾用 1200V 和 1700V 等级 IGBT 构成三点式逆变器用于 750V 和 1500V 电网(图 7-12)。随着新一代 IGBT 迅速发展,尤其是 3300V 等级 IGBT 的批量生产,用这类电压等级的模块(器件)构成两点式逆变器能够满足在 3300V 电网当中的应用,因而在上世纪末国外生产的地铁轻轨电动车辆以及部分干线电动机车动车都已采用这类高压 HV-IGBT 模块。其所构成的逆变器主电路图,如图 7-13 所示。

由图 7-12 和图 7-13 可见,虽然三点式逆变器较两点式逆变器具有输出波形好、脉冲频率低、电压上升率也低及损耗小等优点,但是其主电路结构复杂,所用器件多出一倍,这是它不足之处。所以在城市轨道交通车辆中目前都采用 IGBT 构成的两点式逆变器,而在大铁路干线电动机车中,采用 4500V 等级或 6500V 等级的 HV-IGBT 来构成两点式逆变器。

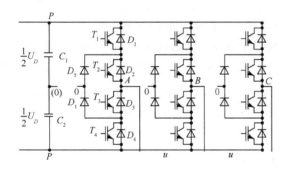

图 7-12 三点式逆变器主电路原理图

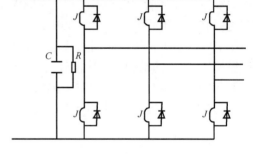

图 7-13 两点式逆变器主电路原理图

2. 牵引逆变箱的结构组成

一般情况,在牵引逆变器箱中包括:1 个牵引逆变器模块、线路滤波器、充电电路,1 个搭铁故障传感器,1 个线路滤波器,1 个外部风机和 1 个内部风机。其中,牵引逆变器模块包括有 3 相逆变器,2 个制动斩波器,1 个驱动控制单元 DCU/M,1 个电源单元,IGBT 门驱动单元,2 个输出相电流传感器,1 个 DC-link 的电流传感器和 1 个 DC-link 的电压传感器;线路滤波器包括:2 个 DC-link 电容器和 2 个滤波感应器;充电电路包括:2 个分离接触器、1 个充电接触器和 1 个充电电阻。

3. 牵引逆变模块的作用原理

牵引逆变器将高压箱提供高压电源转换成变频变幅的对称三相电压,供给牵引电动机。牵引逆变模块单元的控制电路,是由列车电池提供 110V 直流电。

直流电压通过牵引逆变器转换成变频变幅的三相交流电压驱动或制动牵引电动机。其作用原理,如图 7-14 所示。

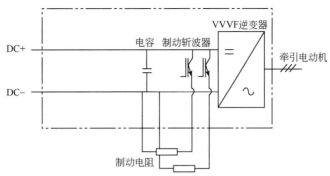

图 7-14 牵引逆变器作用原理示意图

单 元 练 习

一、选择题(不定项选择)

1. 电力牵引是一种以( )为动力的牵引方式。
   A. 电能　　　　　　　　　　　B. 电磁能
   C. 风能　　　　　　　　　　　D. 热能

2. 地铁列车电力牵引系统通常由( )从第三轨(输电轨)或架空接触网接受电能。
   A. 空压机　　　　　　　　　　B. 电动机
   C. 受流器　　　　　　　　　　D. 齿轮箱

3. 车辆上的控制电路是低压小功率电路,分为( )和无接点的电子电路。
   A. 有接点的交流电路　　　　　B. 有接点的直流电路
   C. 无接点的交流电路　　　　　D. 无接点的直流电路

4. 目前,在我国地铁列车牵引系统中,按其传动与控制方式可分为直流变阻牵引系统、直流斩波调阻牵引系统和( )。
   A. 直流传动牵引系统　　　　　B. 交流斩波调阻牵引系统
   C. 交流调阻牵引系统　　　　　D. 交流传动牵引系统

5. 在地铁系统中,采用第三轨、接触网供电方式的电压分别为( )。
   A. AC750V、DC1500V　　　　　B. DC750V、DC1500V
   C. DC750V、AC1500V　　　　　D. AC750V、AC1500V

6. 在城市地铁与轻轨车辆电气系统中,牵引逆变器指的是( )逆变系统。
   A. AC-DC(直流－交流)　　　　B. AC-DC(交流－直流)
   C. DC-AC(交流－直流)　　　　D. DC-AC(直流－交流)

7. 变流系统中的电力电子器件都经历过从( )的发展过程。
   A. 半控型晶闸管(SCR)、全控型晶闸管(GTO)及绝缘栅双极型晶体管(IGBT)
   B. 全控型晶闸管(GTO)、半控型晶闸管(SCR)及绝缘栅双极型晶体管(IGBT)
   C. 半控型晶闸管(SCR)、绝缘栅双极型晶体管(IGBT)及全控型晶闸管(GTO)
   D. 绝缘栅双极型晶体管(IGBT)、全控型晶闸管(GTO)及半控型晶闸管(SCR)

二、判断题

1. 地铁列车电力牵引系统通常将电能转换为热能,继而再转换为机械能。（　）
2. 在车辆电力传动系统中,牵引变流器广泛采用了 GTO(门极可关断晶闸管)及 IGBT (绝缘栅极双极型晶体管)模块,特别是 IGBT 对较高频率工作的电路有较好的适应能力。
（　）
3. 随着电力电子器件和计算机技术的发展,地铁车辆早在 20 世纪 80 年代就开始采用变压变频的交流传动系统。（　）
4. 在早期北京地铁 1 号线的部分车辆中,就采用了交流传动牵引系统。（　）
5. IGBT 器件属电压驱动的全控型开关器件,脉冲开关频率高、性能好,但损耗较大,且自保护能力弱。（　）

三、简答题

1. 简述现代地铁列车的电力传动系统具有的特点。
2. 简述交流传动系统和直流传动系统相比的优点。
3. 简述电力牵引系统的组成。
4. 简述交流变压变频电力牵引系统的工作原理。
5. 简述 IGBT 逆变器模块的优点。

四、综合实训

1. 实训目标

(1)能够指认电力牵引系统主要部件,并能说明其作用;

(2)能够绘制牵引主回路原理图。

2. 实训设备

城市轨道交通电力牵引系统实训台或示教板。

3. 实训内容

(1)根据城市轨道交通电力牵引系统实训台或示教板指认电力牵引系统的构成,并说明其作用(填入下表)。

序　号	组成部分	作　用
1	牵引电动机	
2	受流器	
3	牵引逆变器模块	
4	过压保护电阻	
5	电抗器	
6	蓄电池	
7	辅助逆变器模块	
8	紧急通风逆变器	

(2)根据所在城市地铁列车,绘制牵引主回路原理图,并说明其工作原理。

单元八　采暖和空调系统

学习导入

城市轨道交通车辆作为城市轨道交通系统的主体，不但承载着运送乘客的职能，而且要安全、快速、舒适地将乘客运送到目的地。采暖和空调系统在满足乘客舒适度要求上发挥了很大的作用，是城市轨道交通车辆重要的辅助系统。由于城市轨道交通车辆具有车厢内人员密集，流动性大，空气中的污染物较多等特点，这就要求必须具备非常完善的采暖和空调系统来保证乘客乘坐的舒适性。采暖和空调系统的主要作用就是使客室内的温度、相对湿度、空气流动速度及洁净度保持在规定的范围内，为乘客创造舒适的乘车环境。

(1) 地铁车辆空气调节系统应具有的特征；
(2) 地铁车辆空调机组作用原理图；
(3) 地铁车辆通风系统结构；
(4) 地铁车辆客室空调系统结构组成。

(1) 能画出地铁车辆通风系统结构图；
(2) 熟练掌握空调系统的调节与控制操作。

课题一　车辆空调系统概述

目前，我国还未制定地铁车辆的空调标准。因为地铁车辆与干线铁路车辆结构特征具有相似性，所以铁路客车舒适环境标准规定值可以作为城市轨道交通车辆内部环境的参考值。但根据城市轨道交通的运行特点，城市轨道交通车辆空气调节系统具有其特殊性，与铁路客车的内部环境具有差异性。

就空调系统而言，从分析乘客在乘坐车辆的具体情况可看到，舒适值是基于人体在空调空间中长时间停留的稳定状态得出的，人员在车辆中可适当增减衣物，以达到个人的舒适要求。但在城市轨道交通车辆运行中，乘客乘车时间相对较短，虽然在空调技术中以数值的方式规定了乘客舒适范围，但舒适的感觉是由人体生理及心理条件决定的。人们在炎热的夏季从户外进入有空调或通风的房间时，健康人员的生理要求是散去身体表面热量，蒸发掉汗液;心理要求是能尽快降温或通风达到生理的要求。这是一个瞬间人体在条件变化中的舒适概念,但人体的生理活动变化是一个复杂过程,受心理活动、环境变化等因素制约,而且变化平缓,所以人员在环境条件变化时,个人舒适感会有一个过渡期,在经过过渡期后才达到稳定状态。

在乘客乘坐城市轨道交通车辆过程中,乘客基本处于典型的过渡期的过程中。夏季,人们从户外进入地铁车站,随即进入车内,生理及心理的舒适要求为能够快速将身体表面热量带走以便获得舒适感;但在实际乘车过程中,往往乘客在没有到达稳定状态或刚刚获得了凉爽感觉时就已到站下车了。冬季里,人们穿着较厚的户外冬装,皮肤表面温度低,即使在乘坐没有采暖的普通车辆情况下,群集度较高时人们也会获得温暖的感觉。当有采暖时,在人们乘车不能脱下外衣情况下,车内温度过高,乘员会产生闷热感甚至会出汗,造成人体不舒适。故而冬季乘坐城市轨道交通车辆的生理及心理舒适度要求不如夏季乘车迫切,只要在车内温度高于外界温度情况下,就会获得舒适感,而且乘员很快会下车走入户外,所以冬季车内舒适情况也比较特殊。

地铁车辆空气调节系统应具有下列特征:

(1)制冷量大,车内温度调节范围较大,降温速率快,适合地铁车辆乘客多、车门开闭频繁、空调需全年运行的运用条件。

(2)设有均压风道,使送风较均匀。

(3)客室采用沿天花板全长布置的两列叶片变角度的百叶窗式送风口,使客室形成较合理的气流组织。

(4)空调系统采用微机控制,并有故障诊断功能,能实现较复杂的控制,工作可靠,占用客室空间少,便于查找故障。

(5)具有应急通风功能。当交流供电失效时,通过蓄电池给通风机供电,向车内送入新风,保障乘客的健康和安全。

(6)制冷剂符合环保要求。

(7)驾驶室风量和风向、风速可人工调节,以适应不同人群的不同要求。

每列列车的每节客室车厢均构成一个完整的独立空调系统(图8-1)。每辆车一般由两台顶置空调机组、电气控制系统、风道系统和电暖系统组成。其中顶置空调系统的每台空调机组制冷量约在32～42MH之间。电气控制系统包括温度传感器等;风道系统包括静压式送风管道、条缝型送风口、回风口等。

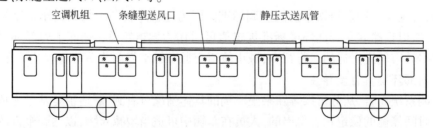

图8-1 客室空调系统简图

空调系统功能是:空气经过空调机组降温(加热)后,通过送风系统均匀地送到客室内部;一部分空气在回风过程中由排风系统排出车外,等量的新鲜空气通过机组新风口进入客室内。

控制系统的功能是：通过软件控制空调机组的运行和停止；监控机组的运行状态，并与网络连通传递各类信息。传递的信息包括驾驶室对空调系统的指令、扩展供电和紧急通风指令等。

紧急逆变电源是在主电源出现故障时启动，将车载蓄电池的直流电源逆变为交流电源，仅提供给通风机工作。此时通风机组有效工作时间为45min。之后，空调系统关闭机组回风门，只为客室提供新鲜空气。

课题二　空 调 机 组

一、空调机组的结构

地铁车辆的空调一般是在车顶两端设两台单元式空调机组，通过车顶风道及风口向车内送风。根据空调机组的出风方式，一般可分为下出风和侧出风两种。地铁车辆由于受车辆限界及车体断面的限制，须采用超薄型空调机组。空调机组框架用不锈钢制成。机组内分前室、后室两部分。前室有通风机、一次过滤器、二次过滤器、新风挡板及驱动机构、回风挡板及驱动机构、蒸发器、膨胀阀、电磁阀、电气箱和紧急通风逆变器等；后室有压缩机总成、冷凝器、冷凝器风扇、压力控制阀、附件和电气箱等。空调机组用四个橡胶减振器安装在车体上，送、回风口用褶管与车体风道相连。

1. 下出风方式空调机组

下面以天津滨海轻轨列车DK38为例，介绍下出风式空调系统结构（见图8-2）。

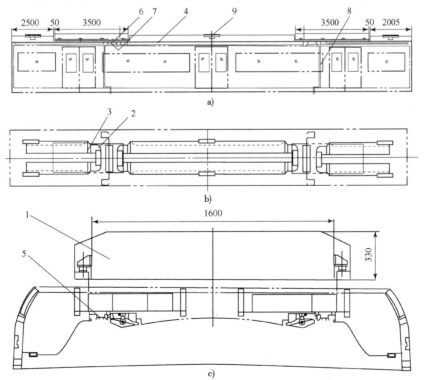

图8-2　DK38型车辆空调系统示意图（尺寸单位：mm）
1-空调机组；2-连接风道；3-软风道；4-主风道；5-送风格栅；6-回风道；7-回风口；8-排水管；9-自然排风口

在车顶两端设2台单元式空调机组,每台机组有8个安装座。通过8个减振器固定在车顶凹处的平台上,并加设防护罩(侧罩板)以防灰尘和雨水。机组下面有出风口2处,回风口1处,其周围均设防风防雨密封胶条、胶垫与车体密封。

送风经连接风道分为左、右两路,再经软风道进入主风道。主风道分前、中、后共6段贯通全车。主风道材质为2mm铝板,外贴10mm厚隔热吸音材料,通过法兰相互连接(上、下为插接,左、右为螺栓连接)。该车为静压送风,风道内设隔板将风道分为送风道及静压箱两部分,隔板上有多处40mm×200mm的方孔,使两部沟通。

客室顶板设两排送风格栅,格栅为工程塑料材质。送风格栅与风道出口(静压箱)之间以软质聚氨酯泡沫塑料为密封材质加以密封,严防送风流窜。

2. 侧出风方式空调机组

以北京地铁某车型介绍侧出风方式空调机组。图8-3所示,是侧出风方式空调机组结构示意图。

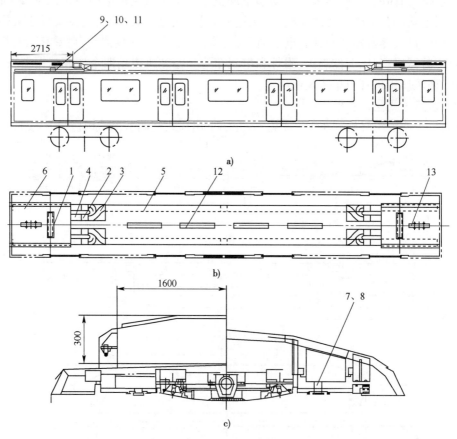

图8-3 北京地铁车辆某车型侧出风方式空调机组(尺寸单位:mm)

1-空调机组;2、4-软风道;3-三通风口;5-中部主风道;6-端部主风道;7-密封座;8-出风口;9-回风道;10-过滤网;11-回风口;12、13-幅流风机

二、空调机组的主要技术参数

目前国内地铁车辆空调生产厂家的空调设计负荷中,A型车的空调机组基本采用制冷

量42kW,B、C型车采用35kW。北方地区的B、C型车个别采用28kW。

下面以某车型装配的"车顶一体式,前出风"形式空调机组为例,介绍空调机组的主要技术参数。见表8-1。

"车顶一体式,前出风"形式空调机组主要技术参数　　　　表8-1

参　　数		数　　值
制冷量(t_k=55℃,t_0=5℃)(kW)		40
风量($m^3 \cdot h^{-1}$)	正常通风	4250
	紧急通风	2000
机外静压(Pa)		185
输入功率(kW)		21
供电	空调启动时	AC380V、50Hz(动力)、DC110V(控制)
	紧急通风时	DC110V
制冷剂		R134a
防护等级	机组外	IP65
	机组内	IP56(通风机IP54)
外形尺寸(mm)		2850×1850×455
质量(kg)		850

三、全封闭式的螺杆式制冷压缩机

制冷压缩机是空调机组的核心部件。在地铁车辆中,通常选用全封闭式的螺杆式制冷压缩机(图8-4)。它的主要特点是高负载量和高效率,简单耐用,占用空间少,重量轻,能在宽广的速度范围内平稳运转,抗液压过载安全系数高,噪声和振动小。

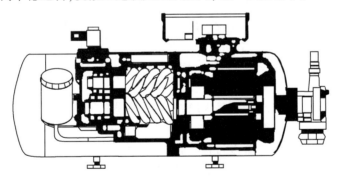

图8-4　全封闭式螺杆式制冷压缩机

全封闭式螺杆式制冷压缩机主要由压缩机的机体、阳转子、阴转子及电动机等组成。两个互相啮合的转子平行地安装在机体内,彼此反向旋转。一般主动转子的端面齿形是凸齿,称为阳转子或阳螺杆;从动转子的端面齿形是凹齿,称为阴转子或阴螺杆。阳转子与阴转子的齿数比一般取4:6,以使两个转子的刚度大致相等。

阳螺杆与阴螺杆的螺旋方向相反,但它们螺旋部分的轴向长度相等,且小于螺旋导程,即螺杆扭转角小于360°(一般在200°~300°之间)。转子螺旋部分的轴向长度与其直径之比称为长径比,一般在 1.0~1.7 范围内。

螺旋转子的齿廓曲线称为形线。转子的端面形线有对称圆弧形线和非对称形线两种。非对称形线转子的压缩容积的密封性较好,气体压缩时,能够减少转子啮合部位的漏泄,使压缩机的输气系数提高 5%~10%。上海地铁交流车辆的螺杆制冷压缩机采用非对称形线。

螺杆压缩机的蒸汽压缩容积是由啮合的转子和汽缸内壁组成的。如果与活塞式压缩机相比,阳螺杆的凸齿相当于活塞,阴螺杆的凹齿与汽缸内壁所组成的容积就相当于汽缸,随着转子的旋转,压缩容积沿着转子的轴向移动,因此螺杆的一端为吸气端,另一端则为排气端,并在压缩机机体的前后端盖上也相应地开有吸、排气口。

螺杆压缩机工作时,阳、阴转子的齿廓和齿槽并不直接接触,齿廓与齿槽之间,转子与汽缸内壁之间都有微小的间隙。润滑系统通过喷油孔向转子啮合部位喷射润滑油,使互相啮合的转子之间及转子与汽缸内壁之间形成一层密封的润滑油膜,既避免转子啮合部位的干摩擦,也能减少压缩容积内气体的泄漏,提高输气效率。同时,呈雾状的润滑油喷入后,与制冷剂气体混合,制冷剂得到冷却,这样便能显著地降低压缩机的排气温度。因此,螺杆压缩机单级的压缩比就可达到 20。此外,由于螺杆压缩机在结构上不存在像活塞式压缩机那样的吸排气阀和余隙容积,因此即使有少量的液体被吸入也不会发生"液击"现象。

四、空调机组制冷系统原理

制冷就是用一定的方法使物体或空间的温度低于周围环境的温度,并且使其维持在某一温度范围内,这个过程称作空调制冷过程。

空调机组制冷的方式大致有 5 种:蒸汽压缩式制冷、半导体制冷、吸收式制冷、蒸汽喷射式制冷和涡流管制冷。一般地铁车辆都采用蒸汽压缩式制冷,这主要从其使用的方便性、安全性、经济性及维修等方面考虑。

蒸汽压缩制冷机的工作原理:通常在一定的压力下,液体温度达到沸点(即饱和温度)就会发生沸腾现象。在制冷技术中,常把这个饱和温度称为蒸发温度。沸腾的液体如果继续吸热,它就会因吸收了汽化潜热而相变成饱和蒸汽。在同一压力下,不同的液体蒸发温度不同,所吸收的汽化热能也不同。比如,在一个标准大气压下,水的蒸发温度为 100℃,汽化热能为 2 258kJ/kg;而 R-12(氟利昂-12)的蒸发温度为零下 29.8℃,汽化热能为 165.3kJ/kg。

若将一个盛满低温 R-12(氟利昂-12)液体的容器敞开口,放在密闭的被冷却空间内,由于被冷却空间内空气的温度高于 R-12 的沸点,所以 R-12 液体将吸热而汽化,使被冷却空间内空气温度逐渐下降,这个降温过程直到容器内的 R-12 液体汽化完为止。为了将汽化的 R-12 蒸汽回收使用,需将它再冷却成液体,如用环境介质(如大气或水)来冷凝,蒸汽的冷凝温度就要比环境介质的温度稍高一些。我们知道压力较高的蒸汽其冷凝温度也较高,因此只要将 R-12 蒸汽用压缩机压缩到所需的冷凝温度相对应的饱和压力,就用环境介质来冷凝它,使在被冷却空间吸热汽化的 R-12 蒸汽重新冷凝成液体。由于冷凝后制冷剂液体的温度还高于被冷却空间空气的温度,因此必须让冷凝后的制冷剂液体降压降温,使其温度低于被冷却空间的温度,这样降压降温后的制冷剂液体就可以在被冷却空间内重新吸热汽化。制冷剂在一个封闭的系统中,只消耗压缩机的功就能反复地实现制冷剂由液体变为蒸汽、再由蒸汽变为液体的相态变化,并通过这种相态变化将低温处的热量转移到高温处去,这就是蒸汽压缩式制冷的工作原理。

蒸汽压缩制冷机组主要是由压缩机、冷凝器、膨胀阀和蒸发器4个部件组成的,并用管道连接,形成一个封闭的循环系统,如图8-5所示。

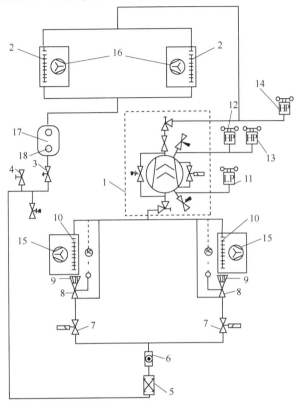

图8-5 空调机组制冷系统的原理

1-压缩机总成;2-冷凝器;3-角阀;4-维修阀;5-过滤干燥器;6-带湿度指示器的视镜;7-电磁阀;8-膨胀阀;9-分配器;10-蒸发器;11-低压开关;12-高压开关;13-安全开关;14-调压开关;15-通风机;16-冷凝器风扇;17-储液器;18-视液镜

其工作过程如下:

(1)制冷剂液体在蒸发器中吸收被冷却物体(如室内的空气)的热量,而汽化成低压低温的蒸汽后被压缩机吸入。

(2)压缩机消耗一定的机械功将制冷蒸汽压缩成压力、温度都较高的蒸汽并将其输入冷凝器。

(3)高温、高压的制冷剂蒸汽在冷凝器内被环境空气(或水)冷却,制冷后被冷凝成液体,此时的制冷剂液体还处于高温、高压状态。

(4)高温、高压的制冷剂液体经过膨胀阀节流降压、降温后进入蒸发器。

此时的制冷剂液体已变为低温、低压状态。在蒸发器中,低温、低压的制冷剂又吸收被冷却物体的热量蒸发成相对的低温、低压的制冷剂蒸汽,再被压缩机吸入。如此周而复始地循环。

五、驾驶室空调系统

驾驶室空调不同于客室空调。驾驶室空调安装在驾驶室顶板上,自动控制驾驶室内温度。下面以南京地铁某车型为例,介绍驾驶室空调结构及原理(见图8-6)。

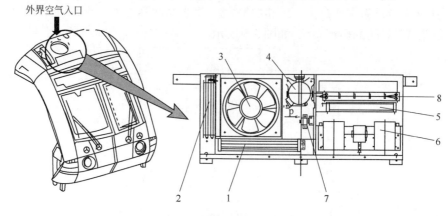

图8-6 驾驶室空调系统结构示意图

1、2-冷凝器;3-冷凝风扇;4-制冷压缩机;5-蒸发器;6-蒸发风扇;7-干燥过滤器;8-电加热器

驾驶室空调机组包括:2个冷凝器,冷凝风扇,制冷压缩机,低压与高压保护,蒸发器,蒸发风扇,干燥过滤器和电加热器。车辆没有投入运营时不提供取暖。当车辆投入运营后,依照测定的温度,取暖设备将工作。空调系统有一路中间电压和一路低电压供电。当司机起动车辆时,空调等待中间电压的供电来正常工作。驾驶室空调系统启动后,其系统电路中设置有短路保护及过流保护。驾驶室通风与空调的应急通风,仅在两个客室空调都工作在应急模式下。

课题三 通风系统

一、通风机组的结构

通风机组是通风系统的动力装置,其作用是吸入车外新风和室内回风,并将处理后空气加压,通过主风道等送入客室。

1. 送风道、回风道和排风道

(1)送风道。车顶的2台空调机组,通过与车体相连的2个吸振消音的连接风道,将处理后的空气送到车顶的主风道内。其具体结构,如图8-7所示。送风道的作用是将经过处理的空气输送到室内。车辆的风道沿车辆方向分为3个,中间大的为主风道,两侧为副风道。主副风道由隔板分开,隔板上设有一系列调整风量的气孔。主风道的空气经隔板气孔进入副风道,使得两侧风道内的气流稳定地送入客室中。A车的驾驶室的送风量是通过在驾驶室天花板上的驾驶室增压器从副风道中引入,气流方向可以通过位于内顶板上的送风导向器来调节,空气可以直接吹到司机座位区。风道一般用铝合金板或玻璃钢制成,在整个风道外表面均覆盖足够厚度的隔热材料,以防止风道冷量损失和结霜。

(2)回风道。回风道是用来抽取室内再循环空气的。进入回风道的空气,一部分通过设于车顶的8个静压排气孔排至车外,另一部分进入空调机组与吸入的新风混合后,经过冷却、过滤由离心风机将其送入主风道,这样就在客室内形成空气循环,达到调节空气温度、湿度的目的。

(3)排风道。即排风口与车顶静压排风器间的通道。排风道用以排除车内污浊空气。

2.新风口、送风口、回风口、排风口和应急通风系统

(1)新风口。新风口即车外新鲜空气的吸入口。新风口一般装有新风格栅以防止杂物及雨雪进入车内,另外还设有新风滤网和新风调节装置。新风调节装置由一个 24V 直流电机驱动新风调节门,调节进入客室的新鲜空气量。

(2)送风口。送风口是用来向客室内分配空气的。送风口大多装有送风器及风量调节机构,也装有送风滤网。它不但使客室内送风均匀、温度均匀,达到气流组织分布合理的效果,还可以根据需要来调节送风量的大小。

(3)回风口。回风口是室内再循环空气的吸入口。正常情况下,客室内一部分空气应作为回风,回风与新风混合前是在客室中被充分循环过的。与新风混合过滤后,通过蒸发器入口进入,应设置调节挡板,用于调节新风、回风的混合量(比例)。

(4)排风口。排风口是用来将客室内废气和多余的空气排出车外。从车内的长椅下,经内墙板后侧导向车顶,由车顶静压排风器排出车外。

(5)应急通风系统。每辆车配有 1 台紧急逆变器,在交流辅助电源设备故障情况下,应急通风系统应立即自动投入工作,向客室、驾驶室输送新风,维持 45min 紧急通风。应急供电由蓄电池供给,并经直流、交流逆变器。当交流辅助电源供电正常时,空调系统自动转入正常工作状态。车体空调机组安装座及气流口示意图和通风系统气流组织示意图,如图 8-7 和图 8-8 所示。

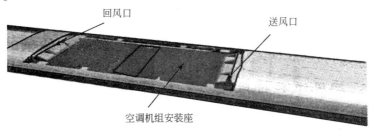

图 8-7 车体空调机组安装座及气流口示意图

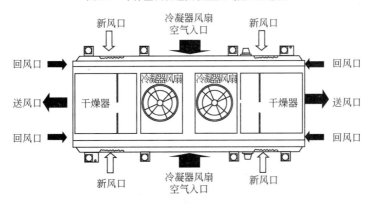

图 8-8 通风系统气流组织示意图

二、通风系统的通风方式

通风系统有机械强迫通风和自然通风两种方式。机械强迫通风系统是车辆空调装置中

唯一不分季节而长期运转的系统,因此它的质量状态直接影响到旅客的舒适性和空调装置的经济性。一般地铁车辆采用机械强迫通风方式,依靠通风机所造成的空气压力差,通过车内送风道输送经过处理后的空气,从而达到通风换气的目的。机械强迫通风系统主要有轴流式机械强迫通风和离心式机械强迫通风两种类型。

1. 轴流式机械强迫通风系统

轴流式机械强迫通风系统是在客室顶中央装有轴流式通风机。轴流式通风机能以高、低两级速度运转,并由司机在驾驶台集中控制。下面以北京地铁车辆 DK20 型轴流式机械强迫通风系统为例,介绍其通风系统结构(见图 8-9)。

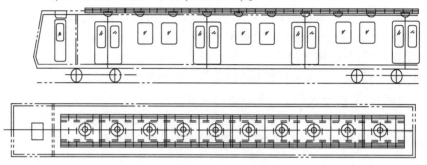

图 8-9 轴流式机械强迫通风系统

由于车辆在隧道运行时的"活塞"效应,为顺应车体前后的气压差,客室前后两端各有两台风机为双向风机,可根据列车运行方向进风或排风。即处于列车前进方向的前两台为正向进风,处于列车前进方向的后两台为反向排风,其他风机均为正向进风,从而保证八进二排的气流组织。

车顶风道安装在车体钢结构的车顶上部,与每台轴流风机对应,共 10 个单体风道。每个风道中部为进风通道,与轴流风机相通,其两侧为排风道,与车内自然通风口相通。风道材质为聚酯玻璃钢,内表面贴吸音材料,外表面涂面漆。

通风机组由电动机、叶轮、风筒等组成,通过 4 个 B—10 型加强式减振器吊装在车顶钢结构上。其主要技术参数如下:

规格:直径 416mm,8 叶(分为单向 45°前弯叶片,双向 45°直叶片两种)。

电压:单向交流(220 ± 22)V。

功率:200W。

风量:2500m^3/h。

风压:50 ~ 60kPa。

转速:高速 900r/min;低速 480r/min。

通风机组下部装有散流器,以使送入车内的气流均匀扩散。散流器外装有装饰网罩,排风口分布于车顶两侧,上部与车顶排风道相通,下部由车内左右两排格栅装饰。轴流式机械通风系统用于地铁车辆中,由于其大风量、高风速,有效地增加了客室的换气量,这对于乘客拥挤的地铁车辆(尤其在上下班高峰)来说,尽管不是最舒适的,但却是有效的。尤其是它"前进、后排"的纵向大循环气流组织,较好地顺应了隧道内运行的气压变化。独立风机、单体风道有效地减少了个别风机故障对全车通风效果的影响,即使关闭风机,在运行中仍有自然通风效果。轴流式机械通风目前仍是国产地铁的主要形式。然而它毕竟只有通风,没有空调,只能换气,不能降温(驾驶室除外),室内的空气质量不高。另外,上进上排的横向气流组织导致部分短流,在乘客拥挤时下部无风感。

2. 离心式机械强迫通风系统

以 DKZ1 地铁车辆为例,其通风系统结构如图 8-10 所示。

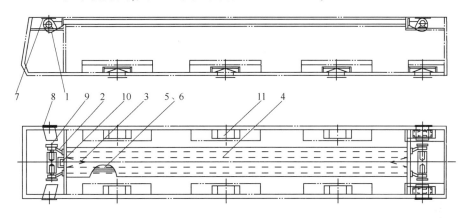

图 8-10 离心式机械强迫通风系统

1-离心风机;2-软风道;3-整风板;4-主风道;5-送风格栅;6-进风口;7-车顶活盖;8-吸风口;9-滤尘网;10-驾驶室风道;11-排风道组成

在车辆前(驾驶室)后两端车顶设送风机安装台 2 处,通过车顶活盖,将离心式通风机(左、右各 2 台)安装其上,每台风机上的电磁接触器及电容器分别固定在接触器安装座及电容器安装座上。风机开启后,外界空气通过车辆两侧的吸风口,沿吸风筒(内设挡水板)进入车内,经空气滤尘器净化后进入送风机,再经软风道、整风板进入客室中顶板内的主风道。主风道在客室内前后贯通,它是 2mm 厚硬质聚氯乙烯板以螺钉、密封胶分块现车拼装组成。主风道下方设左右双排贯通送风格栅,格栅为 1.5mm 厚铝板制成,共设 42(21×2)处送风口。每处送风口处有上、下两扇固定调节板,通过调节板翘起(或下斜)的方向及高度调节主风道进入各风口的风量,从而保证客室前后的均匀送风。各风口与客室内顶板上的装饰格栅相对并组成室内的车顶饰带。风道前整风板处左右各开风口一个,通过固定调节板分流主风道的部分风量,经驾驶室专用风道及风口进入驾驶室,达到通风目的。

客室纵向座椅下共设 8 组回风装置。车内回风经两端活门、滤尘器、内风道、外风道、滤尘网、地板回风口排到车下。回风所经通道处的地板、侧墙及内风道板均有粗孔塑料吸音材料。回风途径回转、滤尘、吸音设施,有效地阻隔了车下灰尘及噪声的侵扰,但同时也大大增加了自然回风的阻力。

离心式机械通风系统的优点:其送风系统结构简单,滤尘、减噪措施周密,有效地控制了室内灰尘和噪声的污染。与轴流式通风相比,它没有贯通车顶的十几台风机,只有两排装饰格栅,客室布置简洁美观。主风道的送风及调节,不受外界气压变化的干扰,送风均匀。在乘客不多,非炎热季节其通风效果良好。离心式机械通风系统的缺点:由于受地铁车辆限界及车顶高度限制,风机大小及风道断面均受制约;尤其是回风途径的层层阻隔,在乘客拥挤的情况下,"上进下排"的设计思路难以实现。

课题四 采 暖

城市轨道交通车辆的采暖主要采用电热采暖。由于地铁车辆的运行环境多在隧道内，考虑到隧道及站台设置了采暖、通风装置，冬季温度不会太低，所以地铁车辆内不再单设采暖。现以 DK42 武汉轻轨为例，介绍其电热采暖的结构及主要性能。

武汉 DK42 型地铁车辆采暖系统设电热器类型总计 3 种共 8 组：

电热器 1,6 组/车,功率:$0.3375 \times 2 \times 6 = 4.05 \text{kW}$。

电热器 2,1 组/车,功率:$0.15 \times 3 \times 1 = 0.45 \text{kW}$。

电热器 3,1 组/车,功率:$0.15 \times 3 \times 1 = 0.45 \text{kW}$。

8 组电热器全车累计功率为 4.95kW。武汉 DK42 型地铁车辆 Tc_1 车采暖电热器分布如图 8-11 所示。

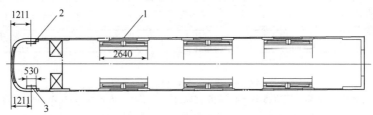

图 8-11 武汉 DK42 型地铁车辆采暖电热器布置图(尺寸单位:mm)

1-客室电热器;2、3-驾驶室电热器

客室内电热器由底板、安装架、罩板及电热元件等组成，安装在座椅下面，如图 8-12 所示。

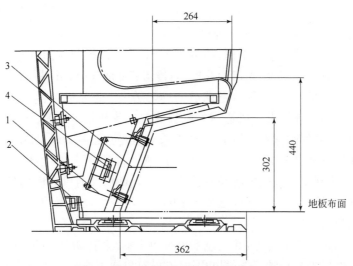

图 8-12 客室电热器的结构(尺寸单位:mm)

1-底板;2-安装架;3-罩板;4-电热元件

驾驶室内电热器由底板、衬板、罩板及电热元件等组成，分别安装在一、二位侧墙下方，如图 8-13 所示。电热作为城市轨道交通车辆的采暖形式，由于其结构简单、调控方便、无污染、易布置而获得广泛应用。但考虑触电、失火、烫伤等安全因素，电热装置必须严格执行其技术条件及操作规范。

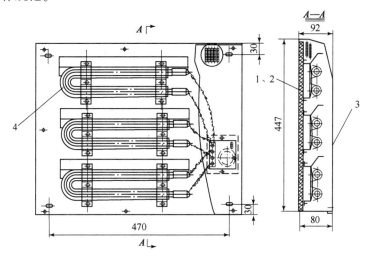

图 8-13　驾驶室电热器的结构(尺寸单位:mm)
1-底板;2-衬板;3-罩板;4-电热元件

课题五　空调系统的调节及控制

空调机组的工作由微机进行控制,通过微机调节器可控制室温。空调系统中新风口、风道和客室座位下均设有温度传感器,由温度传感器测得的温度值,传递到调节器中进行处理。每节车有一台微机调节器,它控制两个空调单元,可由驾驶室集中控制或每节车单独控制。

一、运转前的检查

在启动空调机组之前,必须对下列各项进行检查,在确认各部分状态良好后,方可开始启动。

(1)配线用电气联结器是否接好。

(2)电气回路是否正常。

(3)主回路及控制回路的绝缘电阻是否均正常。

(4)各风机的叶轮是否碰风筒的内壁。

(5)防止逆相连接。

注意:空调电源(主回路)如果逆相连接,会造成空调机组制冷不正常。

二、运转确认

(1)离心风机。离心风机运转时,首先请确认车内是否有风吹出。风量极小时,应检查风机是否反转;如果反转,请将电源相序调整正确,即将三相中的任意两相对调(注意:空调机组出厂时各电动机的相序已调好,请不要随意调换),然后再确认是否有异常振动和异常噪声。

(2)送风均匀性的调整。车内各出风口的送风量必须均匀,否则将影响制冷效果及车内舒适性。可通过对车内出风口导风板的调整,保证客室内送风均匀。

(3)轴流风机。请确认室外轴流风机的运转是否正常。

(4)制冷。全制冷状态时,吸入和吹出的空气温差约为 8~10℃ 时为正常。请确认一下是否有异常振动、异常噪声。同时用电流表测定压缩机运转电流值,如果运转电流值过小,可判定为制冷剂泄漏。

(5)加热。全加热状态时,吸入和吹出的空气温差约为 7~9℃ 时为正常,同时注意电流读数。

(6)当车内温度处于 20℃ 以下时的低温运转。当蒸发器吸入的空气温度在 20℃ 以下时,即为低温运转。此时,由于可能在蒸发器上引起结霜现象从而导致对压缩机造成损伤,所以请避免在这样的条件下运转。

三、空调系统的控制模式及其操作

下面以南京地铁某车型空调控制系统为例,介绍空调系统的控制模式及其操作。

该车型每辆车的空调控制柜内均设置有集控、本控选择开关 SW_2。列车正常运行时,选择集控模式,此时整列车所有车辆的空调通风和采暖系统工作状态接受激活驾驶室指令控制;列车在检修时选择本控模式,车辆将接受本车空调控制柜内功能选择开关的控制,此时空调控制器保持对 TCMS(列车监控系统)的通信和状态更新。

1. 集控模式

将每辆车的空调控制柜内选择开关 SW_2 设置为集控有效。在驾驶室继电器柜内设置一个空调控制开关。该开关设置有 3 个位置:MMI 位、手动位和停止位。如图 8-14 所示。

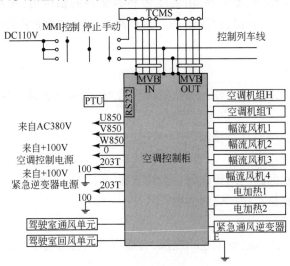

图 8-14 驾驶室继电器柜示意图

(1)通过 TCMS 系统的显示屏 MMI 进行控制。将控制开关旋至 MMI 位时,操作 MMI 显示器上的触摸键来实现系统的启动、停止、自动、手动、通风、半暖、全暖功能指令控制;MMI 显示器通过与 TCMS(列车监控系统)、空调控制器的通信来实现对空调通风和采暖系统的监控和信息传递。空调控制器有 2 个通信口,其中 1 个通信口实现 MVB 与 TCMS 系统通信,另 1 个 RS232 通信口用于 PTU 通信。

①空调启动。在 MMI 界面上选择"空调启动"按钮,则自动选择 MMI 记忆的最近一次操作模式和温度设置控制整列车的空调机组运行。触发该按钮后通过 MVB 总线把命令传递给各车的空调控制器。

②空调停止。在 MMI 界面上选择"空调停止"按钮,将停止整列车的空调机组、客室电加热器、客室幅流风机的工作。但该命令不停止驾驶室送风单元和回风单元的工作,其只受送风单元底部万能转换开关 SW_5 的控制。当 SW_5 置于"停止"位时,将停止驾驶室送风单元和回风单元风机的运行,回风单元的回风阀将关闭。

③自动模式。在 MMI 界面上选择"自动模式"按钮,则控制整列车的空调系统在自动模式下运行。此时空调通风机、幅流风机均投入运行,回风阀全开;如果存在制冷需求,5s 后启动冷凝风机,同时向 TCMS 发出"压缩机启动请求"信号;当接收到来自 TCMS 的"允许压缩机"启动信号后,每隔 5s 依次启动本车两组空调机组的 4 台压缩机,本车压缩机在启动完成后,复位"压缩机启动请求"信号至低电平,TCMS 收到此信号后将复位"允许压缩机"启动信号至低电平,TCMS 系统再发送其他车辆的空调压缩机允许启动信号。

④手动模式。在 MMI 界面上选择"手动模式"按钮,则整列车的空调系统自动运行,手动模式对 MMI 制冷设置温度有效,温度设置范围为 21~28℃。其他控制功能与自动模式相同。

⑤通风模式。在 MMI 界面上选择"通风模式"按钮,则控制整列车的空调机组在通风模式下运行;同时,幅流风机运行,回风门全开。当同一机组的一台通风机出现故障时,不影响另一台通风机正常运行;当客室的一台幅流风机故障保护时,也不影响其他幅流风机的正常运行。

⑥半暖模式。在 MMI 界面上选择"半暖模式"按钮,则整列车的空调系统在半暖模式下运行(新风温度不大于 19℃),控制器使累计运行时间短的电热器组投入工作;同时,通风机和幅流风机运行,回风门全开。在 MMI 上设置采暖目标温度的范围在 11~18℃之间。

⑦全暖模式。在 MMI 界面上选择"全暖模式"按钮,则整列车的空调系统在全暖模式下运行(新风温度不大于 19℃),控制器使累计运行时间短的电热器组先投入工作;同时,通风机和幅流风机运行,回风门全开。

(2)硬线启动空调系统。在 MMI 出现故障或 TCMS 系统出现故障时,采用硬线控制模式。此时将控制开关打到手动位,各车辆的空调控制器接收贯穿全列车的硬线指令信号,并按照各控制器(其储存有最新的 MMI 操作模式指令和目标设置温度值)自身最近一次接收到的功能指令执行。该指令包括自动、手动、通风、半暖、全暖等,根据每项指令不同分别进行控制。

(3)硬线停止空调。将控制开关打到停止位时,全列车空调通风(含空调机组、幅流风机)和采暖系统均停止工作,回风门关闭。该命令不能停止驾驶室送风单元和回风单元工作。

(4)其他。在集控模式下,无论是 MMI 控制还是硬线控制,当首次启动空调系统或空调机组正在运行过程中,如果空调控制器检测到与 TCMS 的通信发生故障,则转入通风模式(当检测到 AC380V 存在时,转入正常通风;如果检测到 AC380V 不存在时,转入紧急通风)。

2. 本控模式

车辆在检修时选择本控模式,此时只需将空调控制柜内的选择开关 SW_2 旋至"本控位"

即可。此时空调控制器保持对TCMS的通信和状态信息更新,但是不再执行TCMS发来的控制命令。本控模式具有下列操作模式,即通风、半冷、全冷、半暖、全暖、停止和服务模式。本控操作模式由控制柜内的指令模式选择开关SW_3选择,本控操作下的温度设置是由控制柜内的温度选择开关SW_4选择的,在制冷模式有效时,SW_4有效设置范围为21~28℃;采暖模式有效时,SW_4有效设置范围为11~18℃。

(1)通风模式。在控制柜内把转换开关SW_3旋至"通风"位,通风机运行;同时,幅流风机运行,回风门全开。

(2)半冷模式。把转换开关SW_3旋至"半冷"位,通风机运行;同时,幅流风机运行,回风门驱动至全开位。如果存在制冷需求,5s后启动冷凝风机,随后每隔5s依次启动本车2台空调机组中的4台压缩机;在半冷模式下,空调机组内2台压缩机同时运行,但压缩机卸载电磁阀和旁通阀工作,使空调制冷量约为额定制冷量的一半。制冷时,新风温度不低于19℃。

(3)全冷模式。在控制柜内把转换开关SW_3旋至"全冷"位,通风机运行;同时,幅流风机运行,回风门驱动至全开位。空调机组内2台压缩机同时以全载运行。如果存在制冷需求,5s后启动冷凝风机,随后每隔5s依次启动本车2台空调机组中的4台压缩机;空调机组内2台压缩机同时以全载运行。制冷时,新风温度应不低于19℃。

(4)半暖模式。在控制柜内把转换开关SW_3旋至"半暖"位,控制器使累计运行时间短的电热器组投入工作(新风温度不大于19℃);同时,通风机和幅流风机运行,回风门驱动至全开位。本控半暖的温度控制曲线与MMI半暖模式的温度控制曲线一样。

(5)全暖模式。在控制柜内把转换开关SW_3旋至"全暖"位,则本车的空调系统在全暖模式下运行(新风温度不大于19℃),控制器使累计运行时间短的电热器组先投入工作;同时,通风机和幅流风机运行,回风门驱动至全开位。本控全暖与MMI全暖的控制模式区别在于:MMI全暖是有一个半暖的过渡工况,这是两种模式使用目的、使用场合不同所致,MMI全暖应用于日常运营,要求目标控制温度更平稳;而本控全暖应用于检修和调试,主要检查被控对象是否完好和受控。

(6)自动模式。在控制柜内把转换开关SW_3旋至"自动"位,本控自动是真正意义上的自动,根据客室内外温度自动选择通风、半冷、全冷、半暖和全暖工况。目标温度取决于开关SW_4的位置,制冷或采暖取决于新风温度,如果新风温度等于或高于19℃,则制冷有效;如果新风温度低于19℃,则采暖有效。制冷有效时,空调系统工作在通风、半冷、全冷中的哪一个工况还受当时的制冷目标温度和客室温度值决定;采暖有效时,空调系统工作在通风、半暖、全暖中的哪一个工况同样受当时的采暖目标温度和客室温度值决定。为了避免制冷和采暖频繁地切换,从制冷到采暖有2℃的回差值。

(7)停机模式。当转换开关SW_3选择"停止"位时,将停止本车的空调机组、客室电加热器、客室幅流风机的工作。在停止状态,回风门关闭。但本命令不停止驾驶室送风单元和回风单元工作。

(8)服务模式。在控制柜内把转换开关SW_2旋至"本控"位,SW_3旋至"服务"位,启动服务模式。服务模式下PTU连接到空调控制器端口X_8。在服务模式下空调控制器不仅可显示相关的信息,而且执行来自PTU的命令,该命令驱动空调机组及客室的器件。服务模式仅用于维护。在任何其他模式下，PTU只显示相关信息，不驱动空调机组的器件。

3. 列车扩展供电模式

当空调控制器接收到一台辅助电源设备故障信号和来自TCMS的半载模式准备命令有效时，将控制一台空调机组工作在通风状态，如果存在制冷需求，则另一台空调机组只有一台压缩机运行，并工作在全载状态；如果不存在制冷需求，则两台机组均工作在通风状态；如果当前操作为半暖或全暖模式，在转入半载模式后，两台机组均工作在通风状态，客室电加热器根据温度控制需要，有一组或两组电加热器工作。

4. 紧急通风模式

无论空调控制柜内的集控、本控选择开关SW_2处于什么位置，空调控制器检测到AC380V失电，空调通风和采暖系统工作电源电路中过流保护断路器Q_1闭合，而电压检测模块触点断开，在12s的时间内检测到"半载模式准备命令"为0，则进入紧急通风。紧急通风时回风门关闭。

驾驶室内送、回风单元控制开关在"运行"位，则紧急通风时送风单元和回风单元风机运行，回风门打开；控制开关在"停止"位，紧急通风时送风单元和回风单元风机不运行，回风门关闭。

当空调控制器检测到电源恢复正常，5s后，电压显示正常，则停止紧急通风，转入正常操作模式。如果当前需要启动空调压缩机，将发送"压缩机启动请求"到TCMS，然后再接收到允许压缩机启动信号，则启动相应的压缩机。

单 元 练 习

一、选择题（不定项选择）

1. 地铁车辆的空气调节系统一般由2台顶置空调机组、电气控制系统、风道系统和（　　）组成。

   A. 电风扇　　　　　　　　　　　　B. 加湿器
   C. 电暖系统　　　　　　　　　　　D. 温度传感器

2. 紧急逆变电源是在主电源出现故障时启动，将车载蓄电池的直流电源逆变为交流电源，仅提供给空调系统中的（　　）工作。

   A. 通风机　　　　　　　　　　　　B. 电动机
   C. 空调机组　　　　　　　　　　　D. 电气控制系统

3. 地铁车辆的空调一般是在（　　）空调机组。

   A. 车顶中间设2台单元式　　　　　B. 车顶两端设2台单元式
   C. 车顶中间设3台单元式　　　　　D. 车顶两端设3台单元式

4. 下出风方式空调机组安装在车顶凹处的平台上，并加设防护罩（侧罩板）以防（　　）。

   A. 隧道气流　　　　　　　　　　　B. 雷电
   C. 灰尘和雨水　　　　　　　　　　D. 客室内空气扩散

5. 一般地铁车辆采用(　　　),依靠通风机所造成的空气压力差,通过车内送风道输送经过处理后的空气,从而达到通风换气的目的。

  A. 机械强迫通风方式　　　　　　　　B. 自然通风方式
  C. 机械强迫通风和自然通风混合方式　　D. 排风扇换风方式

二、判断题

1. 每节客室车厢不能构成一个完整的独立空调系统,必须和列车其他客室的空调系统相配合组成完整系统。(　　)
2. 根据空调机组的出风方式,一般可分为下出风和上出风两种。(　　)
3. 通风系统有机械强迫通风和自然通风两种方式,一般地铁车辆采用自然通风方式。(　　)
4. 控制系统的功能是:通过软件控制空调机组的运行和停止;监控机组的运行状态,并与网络连通传递各类信息。(　　)
5. 南京地铁某车型空调控制系统在列车正常运行时,应选择本控模式;在列车检修时,应选择集控模式。(　　)

三、简答题

1. 简述地铁车辆空气调节系统应具有的特征。
2. 简述空调机组的结构组成。
3. 简述空调系统运转前的检查程序。

四、综合实训

1. 实训目标

(1)能够指认空调系统的组成部件;

(2)能够绘制空调机组制冷原理图;

(3)能够对空调系统功能进行测试。

2. 实训设备

城市轨道交通车辆(实物或模拟软件)或空调实训设备。

3. 实训内容

(1)能够对照城市轨道交通车辆(实物或模拟软件)或空调实训设备指认空调系统的组成部件并填好下表。

序　号	组成部件	位　置
1	空调机组	
2	送风装置	
3	回风装置	
4	排风装置	
5	幅流风机	

续上表

序 号	组 成 部 件	位 置
6	驾驶室空调	
7	客室电加热器	
8	驾驶室电加热器	

(2)绘制空调机组制冷原理图。

(3)在空调实训设备上或模拟软件上测试空调系统功能(填入下表)。

序 号	项 目	任 务	操作过程	操作结果
1	集控模式	空调启动		
		空调停止		
		自动模式		
		手动模式		
		通风模式		
		半暖模式		
		全暖模式		
		硬线启动空调		
		硬线停止空调		
2	本控模式	通风模式		
		半冷模式		
		全冷模式		
		半暖模式		
		全暖模式		
		自动模式		
		停机模式		
		服务模式		
3	列车扩展供电模式			
4	紧急通风模式			

单元九　列车通信系统

城市轨道交通列车通信系统是成立一个视听的链路网,保证提供传输服务,给乘客提供各类信息,且确保对车站和车上的旅客进行高层次的控制。通信系统可以为控制中心、车辆段、车站、列车的运营、管理、乘客及其他系统设备传输数据、语音、图像等信号,是城市轨道交通系统运行必备的信息传输媒体,保证了列车运行的安全,为乘客提供了舒适的乘车体验。

(1)乘客信息系统的组成;
(2)车载电台及列车广播的作用和使用;
(3)列车收发系统。

(1)熟悉乘客信息系统的结构及功能;
(2)熟悉车载电台的作用及使用方法;
(3)会用司机控制单元进行各种广播。

课题一　乘客信息系统(PIS)

乘客信息系统(Passenger Information System,PIS)是依托多媒体网络技术,以计算机系统为核心,以车站和车载显示终端为媒介,向乘客提供乘车信息显示和其他资讯服务的。

乘客信息系统在正常情况下,提供城市轨道交通乘车须知、服务时间、列车到发时间、列车时刻表、管理者公告、政府公告、出行参考、股票信息、媒体新闻、赛事直播、财经、天气预报、娱乐、体育、消费、广告等实时动态多媒体信息;在火灾、阻塞、恐怖袭击等非正常情况下,提供动态紧急疏散指示。车载设备通过接收无线传输的信息经过处理后实时在列车车厢液晶显示屏进行音视频播放,使乘客通过正确的服务信息引导,安全、便捷地乘坐轨道交通列车。乘客信息系统不但可以提高城市轨道交通运营和乘客服务水平,而且也可增加地铁、轻轨等运营部门的收入。

城市轨道交通乘客信息系统(PIS),从结构上分为:中心子系统、车站子系统、车载子系统及网络子系统 4 个子系统。该系统的体系结构,如图 9-1 所示。

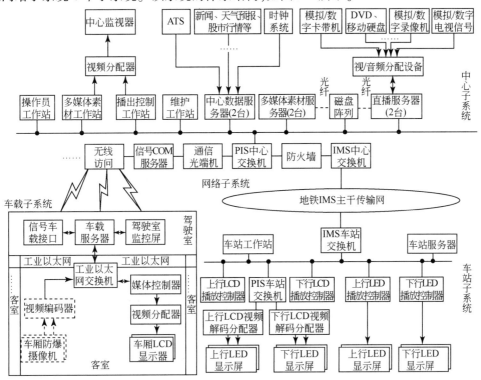

图 9-1 乘客信息系统(PIS)的体系结构

乘客信息体系(PIS)的结构框架及功能,如图 9-2 所示。

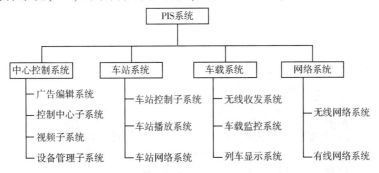

图 9-2 乘客信息系统(PIS)的结构框架

车载乘客信息(On Board PIS)能将总编播中心编辑的节目内容传输到列车上的车载 LCD 播放系统,实现实时、在线播放。同时,也能把列车上的视频监控图像上传到总、分中心,供管理人员调看列车上的实时监控图像或历史监控图像。

车载 PIS 的无线设备及相应的控制设备,主要有车载天线、无线网桥、车载交换机、车载控制器、电源适配器等。此外,为了实现实时播放功能,采用具备实时播放功能的 LCD 播放控制器。现代车载 PIS 原理图,如图 9-3 所示。

车载 PIS 设备各功能如下:

(1)车载控制器通过车载局域网控制无线网桥与移动宽带传输网的连接,使得车载局域网始终能够通过车尾的无线网桥连接到移动宽带传输网,从而获得更好的传输效果。

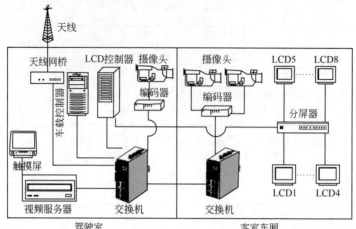

图 9-3 车载 PIS 原理图

(2) LCD 播放控制器获得移动宽带传输网传输的播放数据,然后进行视频解码,并将视频信号经分屏器传送给 LCD 显示屏;同时,通过音频线将音频信号传输给广播系统。

(3) 分屏器接收 LCD 播放控制器输出的视频信号,并把视频信号分配到各显示终端(LCD 显示屏)。

(4) 车载交换机与列车上的媒体网关通信,以获取监控视频图像(包括历史数据和即时数据);并根据从移动宽带传输网传来的指令将选定的二路图像传送到本线路的 OCC 及应急指挥中心、地铁公安分局指挥中心。

(5) 电源适配器接收车辆提供的 110V 电源,分别为无线网桥、车载交换机、车载控制器及 LCD 播放控制器提供 DC9V、DC12V、DC110V 的工作电源。

1. 车载监控系统

车载监控系统包括客室及驾驶室摄像头。驾驶室的 CCTV 系统,如图 9-4 所示。

图 9-4 驾驶室的 CCTV 系统

2. 列车显示系统

列车显示系统,包括车门指示灯(图 9-5)、客室 LCD 显示屏(图 9-6)、门区电子地图

（图9-7）。车门开启时橙色灯亮，车门关闭时橙色灯灭；红灯亮表示有乘客报警。

图9-5 车门指示灯

图9-6 客室LCD显示屏

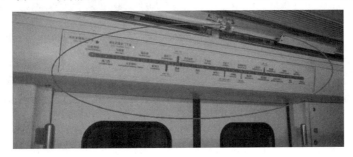
图9-7 门区电子地图

课题二 CCTV系统

一、车载CCTV系统的基本结构
车载CCTV系统，是由CCTV主机、触摸屏、媒体网关和彩色半球摄像机组成的。

二、车载CCTV系统的主要功能
CCTV系统的主要功能包括如下几个方面：
（1）在列车车厢内安装高性能彩色摄像机，实现无死角全方位监视。
（2）在列车驾驶室内，机车安全人员或操作人员能通过该系统实时监控列车内的情况。
（3）在列车驾驶室内，列车操作人员能监控150m距离范围内车站视频情况。
（4）地铁管理人员能通过该系统查询历史记录，以提供相关事件调查资料。
（5）列车内监控系统能将相关信息及时提供给中央控制室，与站台监控形成一个整体。

三、车载CCTV系统操作
车载CCTV系统上电时间，从开机到显示需要200S。CCTV为四画面（图9-8），12路循环，自动定格，画面自动传输，如果画面传输不好会自动传输10次，10次后不再传输。CCTV系统显示符合信息发布的优先级规则：后端门报警显示状态为最高级，其次为EHP乘客紧急情况报警显示；以后的优先级顺序依次是站台视频图像显示、司机手控选择显示、驾驶室图像显示、正常显示状态。

图 9-8 CCTV 显示

直接通过液晶触摸屏对硬件录像机进行操作,人机界面包括视频显示区域、功能按钮区域和摄像机图标区域。

(1)视频显示区域可为单画面也可以为四画面,且四画面自动循环。

(2)功能按钮区域可以选择自动切换、驾驶室图像、站台图像和向后翻转的功能。

(3)正常显示时,摄像机图标显示为绿色;EHP 报警时显示红色;站台图像为灰色;后端门报警也显示为红色。

课题三 车载电台及列车广播

一、车载电台的构成及作用

车载电台实现了列车调度员、车站值班员与列车司机之间随时进行通话联系,能使列车运行置于调度员的控制之下,这对提高运输效率,保证行车安全具有十分重要的作用。如遇特殊情况,也可通过车载电台得到及时的处理。

无线通信中的车载电台系统,是由车站电台、机车电台、调度总机及传输线路等组成。图 9-9 所示,为车载电台系统构成的示意图。

调度总机与车站间采用有线方式连接,在传输线路上传送呼叫信息及话音信号;在车站台和司机台之间则采用无线方式联络。在隧道区段,因电波在隧道中传输困难,则需要在隧道内的相邻车站的车站台之间采用漏泄同轴电缆,这样,无线电波可以从漏泄同轴电缆中泄漏出来,充满整个隧道空间而被机车台接收。

车载电台是由车载无线电话筒和车载无线电控制盘组成的,如图 9-10 所示。

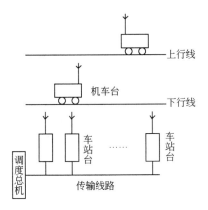

图9-9 车载电台系统构成的示意图　　图9-10 车载电台的构成

二、司机控制单元(DCP)构成

司机控制单元是由 LCD 显示区、按键区、PTT 对讲话筒、备用话筒所组成的，如图9-11所示。

LCD 开机界面显示为"从机状态,只能司机对讲",意思是由车头司机主控,车尾司机只能与车头司机实现对讲。启用强制功能进入自动报站功能,如图9-12所示。

图9-11 司机控制单元　　图9-12 LCD 开机界面显示

LCD 屏分上下两部分:上一部分为站名;下一部分为报警。LCD 显示区域划分示例,如图9-13所示。

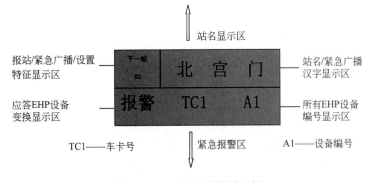

图9-13 LCD 显示区域划分示例

三、司机控制单元的功能

司机控制单元的功能,包括如下几个方面:
(1)全自动播放站名。
(2)半自动播放站名。
(3)人工播放站名。
(4)播放紧急广播信息。
(5)两端驾驶室对讲。

四、列车广播操作

列车广播可实现人工广播、手动广播、紧急广播、驾驶室对讲及乘客紧急报警的功能。

1. 人工广播操作

首先,在激活端司机控制单元DCP上选择人工广播,即按下"人工"键,再按下话筒旁边的"PTT"键,然后进行人工广播(即按即讲),如图9-14所示。

注意:当"人工"键闪烁时是不能进行广播的,只能在灯常亮时开始广播。如果键灯一直闪烁说明系统设备出现故障。

也可以使用激活端的外扩话筒(图9-15)进行人工广播,按下外扩手持话筒旁边的"即按即讲"(PTT)即可进行广播。需要注意的是,在司机控制单元DCP上按"人工"键是不能结束人工广播控制的,只能在广播过程中用司机控制单元DCP上的话筒讲话。

图9-14 人工广播　　　　图9-15 外扩话筒

2. 手动广播操作

各线路的报站信息是事先录制好的,这时按下"强制"键,红色指示灯亮起,按"↑""↓"键以选中要广播的站名,再按下"播音/停止"键即可广播。需要注意的是,"播音/停止"键按下后,该键灯闪烁,后变为常亮。键灯闪烁时从驾驶室监听扬声器是听不到播报声音的,如果键灯一直闪烁表明系统设备有故障。

3. 紧急广播操作

紧急广播信息是事先录制好的,需要广播时,按下"紧急"键,并通过"↑""↓"键选择要广播的紧急广播条目[一般包括20多条广播条目,如"故障清客""紧急疏散"等](图9-16)],再按下"播音/停止"键即可。如果需要中途停止紧急广播,按下"播音/停止"键即可。

a)
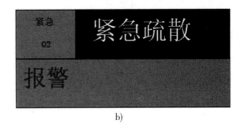
b)

图 9-16 紧急广播示例

4. 驾驶室对讲操作

通过列车广播系统可实现车头车尾两端驾驶室对讲。按下"对讲"键呼叫另一端驾驶室,同时只能有一端按下即按即讲"PTT"键,再次按下"对讲"键将结束对讲。

5. 乘客紧急报警

当有乘客按下车厢内的紧急报警按钮后,驾驶室的 DCP 报警指示灯闪烁,且 DCP 蜂鸣器将发出声音,同时 LCD 显示屏显示报警信息(如图 LCD 显示区域划分)。

6. 按键区各操作按钮的操作功能

(1)操作按钮都是常亮后为正常,如闪烁为不正常或故障。

(2)人工:按"人工"常亮,进行广播,广播完毕按"人工"灯灭结束。

(3)手动:按"强制",用"↑""↓"翻,按"播音/停止"再按"停止"。

(4)紧急广播:按"紧急",用"↑""↓"翻,按"播音/停止"再按"停止"。

(5)驾驶室对讲:按"对讲",常亮开始,结束后按"对讲"结束。

(6)报警:看 LCD 显示,看 CCTV 监控,按"报警"常亮,开始接警;结束按"报警",LCD 上"报警"显示白字闪烁,表示"报警"挂起;如果在接警时按"人工"可变为全车广播,再按"人工"恢复单独。

(7)报警复位:到站后由站务人员恢复;在未恢复前,车厢外红灯闪烁,复位后红灯灭。

(8)多个报警:LCD"报警"两次闪烁;按"报警"完毕,再按"报警"挂起,按"→"按"报警"应答;要选择就按"→"进行选择接警。

(9)强制:按下"强制"可以设置起点、终点、越站、上行、下行;通过"↑""↓"来选择要报的站名,再按"确认"键进行,若取消再按"强制",即是设置键。

(10)取消:在操作过程中按"取消"可返回上一级。

(11)静音:禁止声音到客室。

课题四 列车收发系统

车载 PIS,其媒体视频的下载及视频监控图像的上传均是通过车载无线网桥和无线天线实现的。当上传图像时,无线网桥输出由图像转换而成的射频信号功率,通过馈线电缆输送到天线,天线再以电磁波形式发射出去,由地面设备接收并转换成视频图像;当下载媒体视频时,车载天线接收隧道和高架桥的无线 AP 发射出电磁波,并通过馈线电缆输送到无线网桥,经车载 PIDS 设备转换成媒体视频。

车-地信息传输系统,主要是车站级与车载级之间的网络。车站级设备主要由车站服器、车站管理工作站、播放控制器、显示屏、多媒体查询终端、无线网络等组成。它负责通过网络从编播中心自动接收发布内容信息并在车站显示终端上播放。车载级主要由车载服务器、无线宽带移动网网桥和天线、播放控制器、显示屏、摄像头等构成,负责通过车-地无线宽带网络设备接收中心下发的信息内容,并通过车载播放控制器在本列车的所有 PIS 显示屏上实时播放,同时将车载视频监控图像实时上传至控制中心,供运营及地铁公安人员调看。车-地信息传输网的构成,如图 9-17 所示。

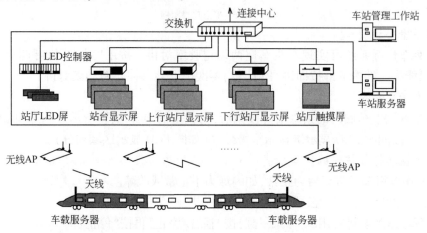

图 9-17 车-地信息传输网的构成

单 元 练 习

一、选择题(不定项选择)

1. 城市轨道交通 PIS 系统从结构上包括(　　)。
   A. 中心子系统　　　　　　　　　　　　B. 车站子系统
   C. 车载子系统　　　　　　　　　　　　D. 网络子系统
2. 车载乘客信息系统包括(　　)。
   A. 无线收发系统　　　　　　　　　　　B. 控制中心子系统
   C. 车载监控系统　　　　　　　　　　　D. 列车显示系统
3. 列车显示系统包括(　　)。
   A. 客室摄像头　　　　　　　　　　　　B. 车门指示灯
   C. 门区电子地图　　　　　　　　　　　D. 客室 LCD 显示屏
4. 利用车载电台实现了列车司机与(　　)之间的随时通话联系。
   A. DCC　　　　　　　　　　　　　　　B. 列车调度员、车站值班员
   C. OCC　　　　　　　　　　　　　　　D. 乘客
5. 车载 PIS,其媒体视频的下载及视频监控图像的上传均是通过(　　)和(　　)实现的。
   A. 车载无线网桥　　　　　　　　　　　B. 无线天线
   C. 有线网络　　　　　　　　　　　　　D. 显示屏

二、判断题

1. 车门指示灯在车门开启时亮橙色灯,车门关闭时亮红色灯。　　　　(　)
2. 车载 CCTV 系统是由 CCTV 主机、触摸屏、媒体网关和彩色半球摄像机组成的。

　　　　　　　　　　　　　　　　　　　　　　　　　　　　　　(　)
3. 当司机控制单元的"人工"键闪烁时可以开始做广播。　　　　　(　)
4. 当有多个报警时,LCD"报警"两次闪烁,要选择就按"→"进行选择接警。(　)
5. 通过列车广播系统可实现车头车尾两端驾驶室对讲,且两端能同时按下即按即讲"PTT"键对讲。　　　　　　　　　　　　　　　　　　　　　　(　)

三、简答题

1. 简述 PIS 的结构及功能。
2. 简述 CCTV 系统显示的优先级顺序。

四、综合实训

1. 实训目标

(1)能够进行 CCTV 系统的操作。

(2)能够进行列车广播的操作。

2. 实训设备

车载 CCTV 系统实训装置,列车广播实训装置或列车模拟驾驶器。

3. 实训内容

(1)CCTV 系统的操作并填好下表。

序号	任务	操作过程	操作结果
1	CCTV 系统开机		
2	单画面显示		
3	多画面显示		
4	图像切换		
5	驾驶室图像显示		
6	站台视频图像显示		
7	后端门报警的显示		
8	乘客紧急报警显示		

(2)列车广播的操作过程与操作结果(填入下表)。

序号	任务	操作过程	操作结果
1	自动广播		
2	人工广播		
3	手动广播		
4	紧急广播		
5	驾驶室对讲		
6	乘客紧急报警		

单元十　列车控制与监控系统

列车控制系统是以技术手段对列车运行方向、运行间隔和运行速度进行控制,保证列车能够安全运行、提高运行效率、减轻运营人员劳动强度的重要系统。它可实现列车自动运行、列车进路控制、安全防护等与列车运行关联密切的功能。列车信息和监控系统是由所有控制列车操作的设备组成,它负责进行整合车辆车载设备的信息(数据),并进行显示与控制,是提高列车运行的安全性、可靠性、舒适性、实用性的重要系统。

(1)列车控制系统的组成和原理;
(2)列车监控系统的功能。

(1)熟悉列车的几种驾驶模式及其应用场合;
(2)会通过司机显示屏获取列车信息;
(3)熟悉列车监控系统的功能。

课题一　列车控制系统

列车控制系统是保证城市轨道交通列车运行安全,提高运输效率,减轻运营人员劳动强度的重要部分。自轨道交通问世以来,人们就对轨道交通的控制系统进行了不断的改进与提高。列车控制包括列车进路控制和列车速度控制。列车进路控制由联锁设备实现;列车速度控制由 ATC 系统实现。目前,列车速度自动控制技术已十分成熟,已经进入了列车超速防护和自动驾驶时代。

一、ATC 系统的构成和功能

1. ATC 系统的构成

以北京地铁1号线技术改造的进口英国西屋车载 ATP/ATO 设备为例,西屋的列车自动控制系统(ATC)由以下3个子系统构成:

列车自动监控系统(Automatic Train Supervision),简称 ATS 系统;
列车自动防护系统(Automatic Train Protection),简称 ATP 系统;

列车自动运行系统又称列车自动驾驶系统(Automatic Train Operation),简称ATO系统。

列车自动控制系统(ATC)按地域分为5部分:控制中心设备、车站及轨旁设备、车辆段设备、试车线设备、车载ATC设备。其构成框架,如图10-1所示。

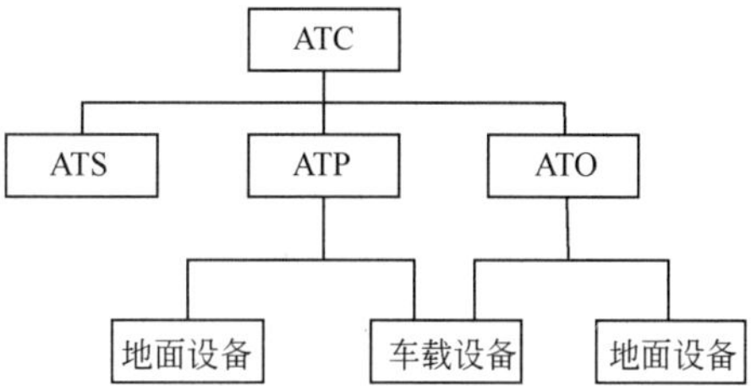

图10-1　ATC的构成框架

2. ATC系统的功能

列车自动控制系统(ATC)包括5个原理功能:ATS功能、联锁功能、列车监测功能、ATC功能和PTI(列车识别)功能。

(1)ATS功能:可自动或由人工控制进路,进行行车调度指挥,并向行车调度员和外部系统提供信息。ATS功能主要由位于OCC(控制中心)内的设备实现。

(2)联锁功能:响应来自ATS功能的命令,在随时满足安全准则的前提下,管理进路、道岔和信号的控制,将进路、道岔和信号的状态信息提供给ATS和ATC功能。联锁功能由分布在轨旁的设备来实现。

(3)列车监测功能:一般由轨道电路完成。

(4)ATC功能:在联锁功能的约束下,根据ATS的要求实现列车运行的控制。ATC功能有3个子功能:ATP/ATO轨旁功能、ATP/ATO传输功能和ATP/ATO车载功能。ATP/ATO轨旁功能负责列车间隔和报文生成;ATP/ATO传输功能负责发送感应信号,它包括报文和ATC车载设备所需的其他数据;ATP/ATO车载功能负责列车的安全运营、列车自动驾驶,给信号系统提供接口,且给司机提供信息显示。

(5)PTI功能:是通过多种渠道传输和接收各种数据,在特定的位置传给ATS,向ATS报告列车的识别信息、目的号码和乘务组号和列车位置数据,以优化列车运行。

二、ATC系统原理

城市轨道交通ATC,按闭塞制式可分为:固定闭塞式ATC系统、准移动闭塞式ATC系统和移动闭塞式ATC系统;按结构不同可分为:点式ATC系统、连续式ATC系统和无线ATC系统。

用无线通道实现地车数据传输的ATC,才是真正意义上的移动闭塞。典型无线移动闭塞系统的系统结构,如图10-2所示。该系统以列车为中心,其主要子系统包括:区域控制器、车载控制器、列车自动监控(中央控制)、数据通信系统和司机操作显示等。

(1)区域控制器(ZC)。即区域的本地计算机,与联锁区一一对应,通过数据通信系统保持与控制区域内所有列车的安全信息通信。ZC根据来自列车的位置报告跟踪列车并对区域内列车发布移动授权,实施联锁。

(2)车载控制器(VOBC)。与列车一一对应,实现列车自动防护(ATP)和列车自动运行(ATO)的功能,每列车两端都安装有VOBC,互为热备冗余。该单元可以支持3节编组列车的运行,负责列车管理的各方面,包括跟踪和报告列车位置,在多节车厢的列车上安装任何VOBC都能够履行ATC系统的要求,并采用安全的编程技术来进行编制。

(3)车载应答器查询器和天线,与地面的应答器(信标)进行列车定位;测速发电机用于测速和对列车定位进行校正。

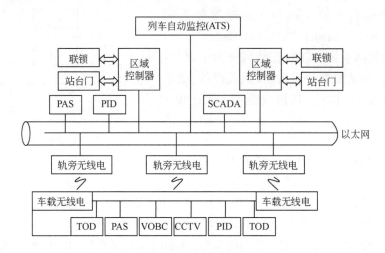

图 10-2 典型无线移动闭塞系统的系统结构

CCTV-闭路电视；PAS-乘客广播系统；PID-乘客向导系统；SCADA-电力监控系统；TOD-司机操作显示；VOBC-车载控制器

(4) 司机操作显示为司机操作显示盘(DDU/MMI)(图 10-3)，提供司机操作与车载控制器及 ATS 的接口。显示的信息包括最大允许速度、当前速度、到站距离、列车运行模式及系统出错信息等。北京四号线列车的司机操作显示还有列车修复系统(HMI)(图 10-4)，显示列车状态信息。

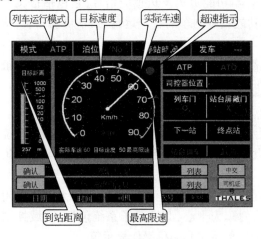

图 10-3　DDU 显示界面　　　　　图 10-4　HMI 显示界面

(5) 数据通信系统，实现所有列车运行控制子系统间的通信。

三、ATC 车载设备系统构成

ATC 车载设备包括在每一节 A 车上两个完全相同的系统(图 10-5)。每个系统包括驾驶室后侧的 ATC 机柜，这样能使 ATC 容易测试。ATC 系统由以下几个主要部分组成：

(1) 1 套 ATP 设备。

(2) 1 套 ATO。

(3) ATP/ATO 编码里程表，它收集车速、车辆移动的信息，由 ATP/ATO 板进行电子处理。

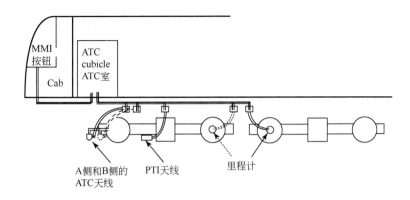

图 10-5 ATC 车载系统

(4)列车定位 PTI 信号天线,它是用于车载 ATP/ATO 与轨道上信号设备的数据传输。

(5)2 个信号接收线圈(ATC 天线),它为车载 ATP/ATO 板不间断地收集线路上的向列车发送的信号。

ATP 子系统和 ATO 子系统共享安装空间、供电和串行接口。在车辆运行过程中,ATP 和 ATO 子系统同时执行各自的功能,必要时进行数据交换。图 10-6 所示,为 MicroCab 机架的一个基本的机箱配置图,机架安装在车辆 ATC 设备柜中。一个 MicroCab 带有 2 个(冗余) ATP 机箱和 1 个 ATO 机箱的 ATC 机架。

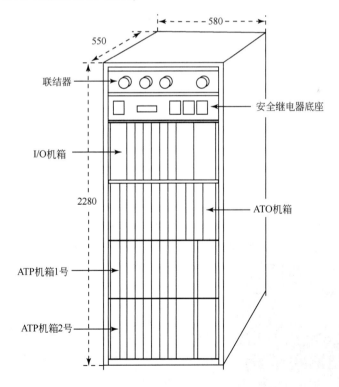

图 10-6 ATC 机架(尺寸单位:mm)

ATO 车载单元与 ATP 车载单元相连接,ATO 车载单元直接从 ATP 车载单元接收工作用数据。ATO 车载单元是非常冗余的,即非故障-安全系统,它的安全保障由 ATP 车载单元提供。例如:ATP 车载单元启动后,发一个命令给 ATO 车载单元,要求 20s 内接通 ATO 电源(启动 ATO)。在这个过程中,若 ATP 车载单元故障,ATO 车载单元在 20s 内接收不到 ATP 信息,则 ATO 车载单元自动关闭。另外,ATO 车载单元还与 ATS 系统之间进行通信。ATO 车载单元与其他车载单元一起共同完成自动列车控制的任务。ATO 车载单元与 ATP 车载单元及设备的连接关系,如图 10-7 所示。

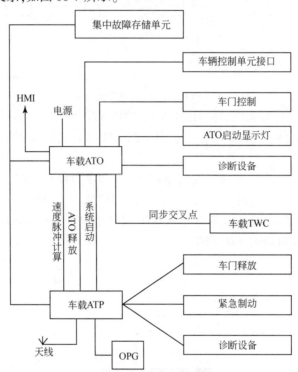

图 10-7　车载单元的连接关系

OPG—里程脉冲发生器；TWC—车地双向通信系统

四、列车驾驶模式

城市轨道交通列车的主要驾驶模式应包括:列车自动控制模式(ATO 模式);人工列车自动防护模式(ATPM 模式)即列车自动防护驾驶模式(SM 模式或 CM 模式);限制人工驾驶模式(RM 模式);非限制人工驾驶模式(NRM 模式)及待机模式(STBY 模式)。列车驾驶模式选择开关,如图 10-8 所示。

图 10-8　列车驾驶模式选择开关

1. ATO 模式或 AM 模式

ATO 模式是正线上列车运行的正常模式,即用于正线上列车的正常运行。在这种模式下,列车在车站之间的运行是自动的,不需司机驾驶,司机只负责监视 ATO 显示,监督车站发车和车门关闭,以及列车运行所要通过的轨道、道岔和信号的状态,在必要时人工介入。

司机给出列车关门指令关闭车门,驾驶台门全关闭指示灯点亮,DDU屏显示发车条件具备,这时,司机按压ATO启动按钮(＞2s)给出出发指令。车载ATP确认车门已全关闭,列车便可起动。如果车门还开着,ATP将不允许发车。列车站间运行中的速度调整、至下站的目标制动以及开车门都由ATO自动操作。ATP确保列车各阶段自动运行的安全,在车站之间的运行将根据控制中心ATS的优化时刻表指令执行,确认其走行时间。

在ATO模式下,ATO根据ATP编码和列车位置生成运行列车的行驶曲线,完全自动地驾驶列车;ATO还能根据到停车点的距离计算出列车的到站停车曲线;ATO速度曲线可以由ATS的调整命令修改;ATP系统控制列车的紧急制动。

2. ATPM模式

ATPM模式即ATP监督人工驾驶模式,是一种受保护的人工驾驶模式。在这种模式下,司机根据驾驶室中的指示手动驾驶列车,并监督ATP显示,以及列车运行所要通过的轨道、道岔和信号的状态,可在任何时刻操作紧急制动。ATP连续监督人工驾驶的列车运行,如果列车超过允许速度将产生紧急制动。ATO故障时列车可用ATPM模式在ATP的保护下降级运行。

在ATPM模式下,列车由司机人工驾驶,列车的运行速度受ATP监控;ATO此时对列车不进行控制,但会根据地图数据随时监督列车的位置;ATP向司机提示安全速度和距离信息;在列车实际行驶速度到达最大安全速度之前,ATP可实施常用制动,防止列车超速;由ATP系统来控制列车的紧急制动。

3. RM模式

RM模式即ATP限制允许速度的人工驾驶模式,是一种受约束的人工操作,必须"谨慎运行"。在这种模式下,列车由司机根据轨旁信号驾驶,ATP仅监督允许的最大限速值。

RM模式在下列情况下使用：

(1)列车在车辆段范围内(非ATC控制区域)运行时；

(2)正线运行中联锁设备或轨道电路或ATP轨旁设备或ATP列车天线或地对车通信发生故障时；

(3)列车紧急制动以后。

在此模式下,列车司机使用司机控制器平稳操纵列车起动。司机控制器(MC)(图10-9)包含4个档位：P——牵引,C——惰行,B——制动,EB——紧急制动。并且行驶速度不能超过25km/h,一旦超出,ATP系统就会实施紧急制动。

4. NRM模式

NRM模式是无ATP监督的人工驾驶模式,用于车载ATP设备故障以及车载设备测试情况下完全关断时的列车驾驶。列车是由司机根据轨旁信号和调度员的口头指令驾驶的,没有速度监督。ATP的紧急制动输出被车辆控制系统切断,车速不得高于25km/h或40km/h,并监督列车所要通过的轨道、道岔和信号的状态,必要时采取措施,对列车进行制动。在此模式下,门模式开关(MD)要选在手动的位置上(图10-10),才能进行手动开关门操作。

图 10-9　司机控制器　　　　图 10-10　门模式选择开关

课题二　列车控制和监控系统(TCMS)

ATO 子系统系列车自动驾驶系统,它执行牵引功能,按程序停车功能并与线路旁边的设备传送和接收信息及驾驶界面;ATP 子系统系列车自动防护系统,它保证列车安全,包括接收速度代码,超速保护,开门、关门的确认。

在手动模式(RM)下,司机通过驾驶室设备的指示来控制列车,同时也继续受 ATP 设备的保护。

OCC(控制中心)是整个地铁运营系统的中心,它通过网络来监控运营。

TCMS(列车控制和监控子系统)是由所有控制列车操作的设备组成的,它包括列车整车管理系统(TIMS)和硬线管理系统(THLS)。

一、列车整车管理系统(TIMS)的描述

1. 列车 TIMS 系统的组成情况(以南京地铁 1 号线列车为例)

每个拖车有下列设备:

(1)1 个主处理单元(MPU)。

(2)1 个司机显示屏(Driver Display unit,简称 DDU,或称为 MMI,不同列车,不同叫法)。

(3)2 个远程输入输出模块(RIOM)。

(4)1 个辅助逆变器控制器(ACE)和 1 个制动控制单元(BCE)。

每个 B 车有下列设备:

(1)1 个远程输入输出模块(RIOM)。

(2)1 个牵引逆变器控制器(PCE)和 1 个制动控制单元(BCE)。

每个 C 车有下列设备:

(1)1 个远程输入输出模块(RIOM)。

(2)1 个牵引逆变器控制器(PCE)、1 个辅助逆变器控制器(ACE)和 1 个制动控制单元(BCE)。

RIOM 和 MPU 通过 FIP 实现通信。六节编组的 TIMS 网络,如图 10-11 所示。

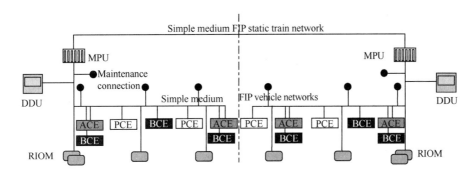

图 10-11 六节编组的 TIMS 网络

2. 功能描述

(1) 运行和维护帮助的功能。

TIMS 对每一个系统收集信息并将信息传送到维修帮助系统；TIMS 产生出综合的信号，包括：收到完整的信息用于报告司机，故障分 3 个等级，分别为严重故障、中级故障、轻级故障，并将故障在 DDU 上显示。一个严重故障，会降低列车的操作性能，影响乘客乘坐安全，发生严重故障必须尽快停止运营；中级故障，需要列车在运行至终点后回库检修；轻级故障，不影响列车运营，只降低列车的舒适性。

TIMS 系统给中压供电的感性负载(如客室空调)提供启动许可。

列车动态动作被记录在一个事件记录器内，在列车发生故障或列车进入收车模式后，记录的数据也不会丢失。

TIMS 的主要功能是监控列车的行驶，TIMS 从和它相连的设备中收集故障信息，并通过 DDU 向司机及维修人员提供信息。它同样也记录故障，或记录综合性的故障和设备状态。

在驾驶及维修功能中涉及下列设备：牵引、制动系统(FIP 接口)；制动系统/压缩空气的产生(FIP 接口)；门(RS485 串行连接)；空调 HVAC(数字接口)；照明(数字接口)；通信(FIP 接口)；电流收集及分配(辅助逆变器为 FIP 接口)。TIMS 与这些设备连接，控制和监测这些设备的运作。

(2) 车辆有效性和可靠性。

设备保护：TIMS 控制辅助系统的启动。

自动测试：设备的功能可以由维修人员进行测试。

(3) 列车维修功能。

故障报告：TIMS 通过 DDU 向维修人员及司机提供故障信息。

故障记录：综合性的故障及设备状态由 TIMS 进行记录。

(4) 列车驾驶功能。

故障报告：TIMS 收集故障信息并通过 DDU 显示给司机。

监测：这是 TIMS 的主要功能。

(5) 乘客舒适功能。

通信：TIMS 中的 BU 负责向乘客进行自动数字语音广播。

信息：司机可以通过 DDU 设置数字广播的内容。

二、列车操作管理功能描述

1. 列车安全功能

(1)防撞车。不管是司机或者 ATC 控制列车的行进,ATP 子系统表现的主要功能如下:
①保证列车之间的距离;
②确认列车没有超出需要停靠的站台;
③避免非控制性的动车;
④如果有需要,启动紧急制动。

(2)超速装置。不管是司机或者 ATC 控制列车,ATP 负责监测列车速度:
①监测列车速度,防止列车超速行驶;
②如果有需要,触发紧急制动。

2. 列车维修帮助功能

(1)列车根据故障的严重程度及对运行的影响将情况报告司机。这样可以根据需要在结束运营后对列车进行检修(设备柜内或车载机柜内设置的故障诊断功能,如故障灯)。

(2)有些发生的故障经过维修人员的确认可以被旁路。

(3)发生故障的列车和救援的列车,可通过车钩实施救援。救援的列车可以控制故障列车的紧急制动和通信。

(4)列车维修时或调车作业时,启用车速限制模式(洗车 WM 模式)。

3. 列车操作功能

(1)司机通过 DDU 或有色灯获得列车的状态;
(2)某些故障可以由司机进行旁路,允许用限制模式进行操作;
(3)主要装置和设备都被监测。

4. 列车运营功能

(1)休眠/唤醒控制:升弓/降弓转换开关和驾驶模式选择开关用于使列车处于准备/关闭状态。

(2)ATO 操作和司机操作都可以牵引列车。ATO 子系统功能表现如下:
①车站间的自动驾驶;
②根据速度曲线进行速度控制;
③执行标准的管理;
④到站管理及停车精度控制;
⑤通过 ATP 在运营侧开门;
⑥限制停站时间,通知司机 ATO 允许关门和列车离开的时刻;
⑦在线路末端列车自动返回。

5. 维修员工安全操作功能

列车在维修及列车准备时,必须保证列车不移动。

6. 乘客舒适性功能

(1)客室照明灯:客室照明可由光敏器件自动控制或司机在驾驶室内控制。
(2)空调:司机在驾驶室内可控制全部客室空调运转。
(3)通信:司机或 ATC 控制通信。

①对旅客的自动报站,该自动报站广播可由 ATO 发起也可由司机通过 TIMS 发起;
②由司机、无线电或预先录制的信息发起的公共广播;
③乘客应急通信,司机和乘客间通过每车一个的乘客应急通信单元(PECU)实现相互通信。
(4)乘客信息显示单元:ATC 模式或者司机操作都能选择预先录制的视频信息显示。
表 10-1 所示,为列车功能控制汇总表。

列车功能控制汇总表 表 10-1

列车功能		TIMS:操作及维修	ATC 或司机:运行管理
列车安全	防撞	无	有
	防超速	无	有
列车可靠性	设备保护	有	无
	自动测试	有	无
列车维修帮助	故障报告	有	无
	故障记录	有	无
	故障旁路	无	有
	故障模拟	有	无
	列车联挂	无	有
	洗车模式	无	有
列车驾驶帮助	设备状态报告	有	无
	故障隔离	无	有(通过转换开关手动隔离故障设备)
	列车控制	无	有
	列车监控	有	无
列车运营	休眠/唤醒	无	有
	升弓/降弓	无	有(前、后或双弓)
	驾驶模式选择	无	有
	牵引	无	有
	制动	无	有
	列车停站	无	有
司机舒适性	照明	无	有
	空调	无	有
	风窗玻璃清洗器/刮水器/除霜器	无	有
乘客舒适性	客室照明	有	有
	客室空调	有	有
	通信	有	有
	乘客信息	有	有
	乘客上、下列车	无	有

单 元 练 习

一、选择题(不定项选择)

1. 列车自动控制系统(ATC)由以下(　　)子系统构成。
   A. ATS　　　　　　　　　　　　　B. ATP
   C. HMI　　　　　　　　　　　　　D. ATO

2. 城市轨道交通列车的主要驾驶模式包括(　　)。
   A. ATO 模式　　　　　　　　　　　B. ATPM 模式
   C. RM 模式　　　　　　　　　　　D. NRM 模式

3. RM 模式在下列(　　)情况下使用。
   A. 列车在车辆段范围内(非 ATC 控制区域)运行时
   B. 正线运行中联锁设备或轨道电路或 ATP 轨旁设备
   C. ATP 列车天线或地对车通信发生故障时
   D. 列车紧急制动以后

4. 以下关于列车操作管理功能的描述,正确的有(　　)。
   A. ATC 系统能够自动测试列车的可靠性
   B. ATC 能够保证列车的运行安全
   C. ATC 和 TMIS 都不能实现列车的故障模拟
   D. TIMS 收集故障信息并通过 DDU 显示给司机

5. 司机显示盘(DDU)显示的信息包括(　　)。
   A. 最大允许速度　　　　　　　　　B. 当前速度
   C. 到站距离有线网络　　　　　　　D. 列车运行模式

二、判断题

1. ATS 的功能主要是行车调度指挥,并向行车调度员和外部系统提供信息。　(　　)
2. 无线移动闭塞是以列车为中心,实现车-地通信的。　(　　)
3. RM 模式是不受 ATP 防护的人工驾驶模式,必须"谨慎运行"。　(　　)
4. 在 ATO 模式下行车时,司机的作用只是开门。　(　　)
5. 发生故障的列车和救援的列车可通过车钩实施救援,救援的列车可以控制故障列车的紧急制动和通信。　(　　)

三、简答题

1. 简述 ATC 系统的组成及功能。
2. 简述司机显示屏(DDU)所包含的内容。
3. 简述几种驾驶模式,并说明各自的使用方式。

四、综合实训

1. 实训目标
(1)能认识不同的驾驶模式及其特点。

(2)能识别 TIMS 显示的内容。

2. 实训设备

列车模拟驾驶器。

3. 实训内容

(1)根据所在城市的轨道交通车辆,写出其不同的驾驶模式;并通过操作列车模拟驾驶器总结不同驾驶模式的作用和特点(填入下表)。

序号	驾驶模式	作　　用	特　　点
1			
2			
3			
4			
5			

(2)对照所在城市的轨道交通车辆或列车模拟驾驶器的 TIMS,填写其显示项目及具体内容。

序号	显示项目	显示内容
1		
2		
3		
4		
5		
6		
7		
8		
9		
10		

单元十一 列车操作

城市轨道交通列车司机是轨道交通中非常重要的工种,是直接从事电动列车驾驶作业并具备独立驾驶列车作业的人员,是列车的实际操作者,其技能的高低决定着列车运行的品质。司机不仅要能规范驾驶列车,而且应能在运营线路或非运营线路上独立从事列车的检查、试验、故障和突发事件处置等作业。因此,一个合格的司机需要具备丰富的知识、精湛的技能、良好的综合素质。

(1)司机出退勤及交接班的程序;
(2)列车出、入段场的操作程序;
(3)列车正线驾驶的基本要求和注意事项;
(4)列车进、出侧线的操作程序;
(5)列车站台作业的程序及注意事项;
(6)列车救援的原则与程序;
(7)各种特殊天气、线路及意外事件下的列车操作注意事项。

(1)能够正确、迅速地完成列车的起车作业;
(2)能够合理进行列车的静态调试作业;
(3)能够完成列车救援的操作;
(4)能够独立完成列车进、出段场的操作;
(5)能够独立完成列车的正线驾驶及站台作业的操作;
(6)能够独立应对各种特殊天气和线路,安全合理地完成列车操作。

课题一 司机出车操作

一、司机出退勤程序

1.司机出勤程序

首先司机出勤前须充分休息,确保自身精神及身体状态符合工作条件,班前10h严禁饮酒或服用影响精神状态的药物并参加出勤答题考试；按照规定着装，并携带好相关证件，以充沛的精力投入工作。司机每天出勤，要在派班室完成以下工作程序：

（1）测量体温，并填写签到表。

（2）领取轮值表（见表11-1）。其作用就是让值乘司机在每天工作开始时对自己一个班次的工作有一个全面的了解，以利于在运营工作中准确出乘自己轮值的每一个车次。

轮值表示例 表11-1

任务编号	任务开始时间	接车时间	地点	车次	表号	地点	下车时间	任务结束时间
22026	8:23	8:33	马家堡车辆段	2M036 检查	M16	马家堡车辆段	8:58	
		8:58	马家堡车辆段	2M036	M16	安河桥北下行	9:53	
		10:06	安河桥北上行	1B052	M18	公益西桥上行	10:56	
7.25		11:15	公益西桥下行	2M078	M06	西四下行	11:34	
		11:34		用餐			12:34	
		12:34	西四下行	2M090	L13	安河桥北下行	13:05	
		13:25	安河桥北上行	1B099	M03	公益西桥上行	14:15	
		14:35	公益西桥下行	2M118	M04	安河桥北下行	15:25	
		15:46	安河桥北上行	1B134	L06	西四上行	16:17	16:27

（3）领取钥匙，并测试钥匙。钥匙一般有2把，分别是驾驶室侧门钥匙和司机操纵台钥匙。司机领取钥匙后，要在测试台上测试2把钥匙是否正常，以避免上车后发现钥匙损坏，而耽误出车时间，如图11-1所示。

（4）抄阅有关行车命令、指示和安全注意事项。

（5）检查司机用包。

（6）领取出车纸。出车纸会记录列车技术状态，在停车库的具体股道等内容。

图11-1 钥匙

2. 司机交接班程序

交班前，值乘人员须将各种行车记录及交接内容预先准备好，向接班司机交接清楚。另外，司机曾使用过的无效命令，要注明其原因并签字，退勤时交派班室值班员。值乘司机遇接班人员未按时接班时，首先须确保列车按正点运行，并及时向值班员汇报，听从其安排。

交接班的具体内容：

（1）值乘人员与接班司机对口交接。

（2）将运行中发生故障的日期、时间、现象、地点、车次、发生次数、处理办法及相关事项交接清楚。

(3)在换乘站或主要站交接时,交班司机需站台清人、更换操纵台,并在规定站台开门作业完毕后,方可与接班司机交接。

(4)接班时司机应按规定时间提前到站台规定位置候车。

3. 司机退勤程序

(1)退勤前,值乘司机按照交接班内容做好相关准备。

(2)退勤时,将填写好的司机报单交运转值班员,并将值乘中的车辆状态、运行情况、出现的问题等事宜汇报清楚,必要时写出书面报告,服从值班员安排。

另外,电动列车在正线运营中发生故障时,值乘司机应将故障现象及处理情况如实填写在《列车运行故障记录单》上。

二、起车作业程序

(1)送电前的巡视及检查内容。

①确认车体侧、检修沟内无作业人员及无异物侵入限界。

②确认列车处于可服务状态,即列车上没有禁动牌、搭铁棒、止轮器、信号灯开放等。

③检查转向架机械走行部位、高压母线、受流器状态、电器箱锁闭及车体外观无异状,注意巡视中禁止打开各电器箱盖。

④驾驶室的检查。检查各开关、按钮均应在规定位置。灭火器、止轮器、禁动牌、标志牌、手信号灯、信号旗及通信设备等各种备品齐全、作用良好。

(2)闭合蓄电池投入开关,110V 蓄电池电压表显示不得少于 77V,24V 电压表显示不得少于 20V。注意:闭合蓄电池后在列车监控器进行电脑检测时,画面在显示主菜单前严禁断开蓄电池。

(3)确认网压表是否显示在 750V 以上。

(4)操纵台钥匙开关转至打开。

(5)司机操纵台上的监控器画面显示为"主菜单"后,并确认日期、时间、运行方向无误后进行列车初始设定。

(6)将监控器转换到车辆状态画面,准备检查车辆状态。

(7)闭合高速断路器开关(此开关禁止反复操作)10s 后所有逆变器启动,监控器画面显示电压、频率,并进行检查确认。

(8)通过监控器画面检查空压机是否启动,风压是否在规定范围内,一般为 900kPa。

(9)当制动缸压力达到规定值后,司机建立安全回路,使列车处于准备阶段。

(10)将列车驾驶模式选择在人工限制驾驶模式。

(11)通报值班维修工程师。

三、列车静态调试

司机起车作业完毕后,应提前 10min 通知值班维修工程师,之后需对列车进行静态调试,以确认列车的技术状态,保证列车运行的安全。

1. 制动试验

(1)将司机控制器由"紧急制动"位缓慢退回"0"位,列车制动缓解。

(2)将司机控制器由"0"位缓慢拉至"紧急制动"位,并观察制动缸的压力值。

(3)将司机控制器由"紧急制动"位置于"0"位,按下操纵台上的紧急制动按钮,列车应紧急制动;将紧急按钮复位,列车制动应缓解。

(4)将司机控制器置于"紧急制动"位,钥匙开关关闭、模式开关选择在待机模式后,报告车长进行换端试验。

(5)制动试验时应随时观察"制动缸的压力值"是否正常。

2. 开、关门试验

(1)司机扳动门选向开关,分别对列车两侧车门进行试验。

(2)车长按下开门按钮左侧(或右侧),应听到提示音响。监控器画面左侧(或右侧)门光带显示由绿色光带变为黄色光带,表示全列车车门全部开到位。如红色光带则表示为门故障。

(3)驾驶室侧墙、司机台灯显示黄灯,表示门全部打开,监控器显示正常。

(4)车长按下关门按钮(左侧或右侧),监控器画面左侧或右侧门光带显示由黄色光带变为绿色光带,应听到提示音响,表示全列车门已全部关到位,如红色光带则表示为门故障。

(5)驾驶室侧墙、司机操纵台上的门全关闭指示灯显示绿灯,表示门全部关闭,监控器显示正常。

(6)两侧车门试验良好后按下发车指令按钮,作用应良好。

(7)司机将门选项开关置于零位,换头试验。

3. 牵引试验

打开前照灯,按下"电笛"鸣笛一长声(3s以上),确认无人员及异物后,将司机控制器置于零位,再推至最小牵引位进行点动试验,观察监控显示器上显示所有动车均有牵引电流,各车保持自动缓解(BC压力值为零)。立即施加常用制动,使列车停车。

4. 空调及列车广播试验

将列车监控显示屏调至"空调设置"界面,单击"自动冷"开关,观察全列通风机是否工作,同时打开侧屏驾驶室通风机开关,观察其出风口出风是否通畅,有无异响及异味,关闭驾驶室通风机,单击MMI空调设置菜单中"OFF"键,关闭列车空调系统,然后进行广播系统测试及强制广播试验。

以上测试内容,为静态调试的主要内容,不同的地铁公司,不同车型的列车在操作上会有一定的区别。

四、列车出入段、场程序

不同的地铁运营公司,列车出入段、场的程序也稍有区别,本书以北京地铁13号线列车的操作为例进行描述。

首先司机按要求巡视、检查、试验列车后,车辆技术状态应符合电动列车上线技术标准。

1. 列车出库、出段

(1)出库信号机显示进行信号时:

①反向器手柄置于"向前"位,模式开关置于RM位,门选向开关置于"0"位。

②司机应确认BHB开关在断开位,关断客室灯、空调(夏季)、客室电加热(冬季)开关。

③司机手指呼唤信号,控制器由"紧急"位置"0"位;鸣笛后,使用"牵引"位以不超过

5km/h 的速度通过平交道口,随时注意线路上的行人和车辆。

(2)出库时应确认运行方向,发现与运行方向不符时,要立即停车,与信号楼值班员联系。

(3)列车在车场运行时:

①精神集中,不间断瞭望,严守速度,注意信号显示。

②确认有无人员及异物侵入限界,发现异常应采取果断措施。

③ATP 车载设备故障时,列车运行速度不得超过车载设备所限制的速度。

(4)出段时,小站台一度停车后,闭合 BHB 开关。

(5)出段高柱信号机未开放时,司机控制器置于"紧急"位,等候高柱信号开放。

(6)出段高柱信号机开放后,司机手指信号并呼唤,鸣笛一长声将司机控制器置于"缓解"位,使用"牵引"位起动列车。

①实行超速防护自动闭塞时:出段高柱信号机显示进行信号,ATP 车载设备运行灯闪动,司机将模式开关由 RM 位置于 CM 位,此时运行灯不再闪动。

②实行站间自动闭塞时:列车凭出段高柱信号机显示闪动的绿色灯光发车。模式开关应置于 EUM 位。

③实行电话闭塞时:列车凭出段高柱信号机显示的稳定的绿色灯光发车。模式开关应置于 EUM 位。

(7)按超速防护自动闭塞或站间自动闭塞法时,当出段高柱信号机故障时,须得到行车调度员或信号楼值班员准许后方可发车。电话闭塞时,凭信号楼值班员发给的绿色许可灯光由 CM 位转换到 RM 位。

2.列车入段、入库

(1)凭 D62 信号机显示的白色灯光,以不超过 25km/h 速度运行至 DS9 信号机前,将速度降至 20km/h;凭 D59 显示的进行信号入库。

(2)列车入库时:

①在库外平交道停车标处一度停车。确认库门开启状况。凭外勤值班员的手信号引导入库。鸣笛一长声,使用"牵引"位,以不超过 5km/h 的速度入库,按规定位置停车。

②进入车库的列车,司机应在库内平交道前一度停车,凭进入车库调车信号机显示的白色灯光,鸣笛后方可动车。

③冬季列车入库后,应及时关闭库门。

课题二 列车正线操作

一、列车正常正线运行操作

1.驾驶模式的使用注意事项

(1)转换驾驶模式时,司机要得到行车调度员的授权才可操作。

(2)列车在 ATO 模式下的运行:

①手柄 C 位,手关车门,站台手指确认,看发车显示器。

②不要操作司机控制手柄,长按 ATO 启动键 2s 后,列车自动运行。

③ATO 运行模式下,列车在进站前 150m、进站、进站一半及距停车标 10m 时,列车制动逐次计算后停车。

④行车调度命令或文本信息必须执行,如果不具备执行条件,可以及时反映,但仍然要执行。

⑤车载控制设备如果每秒接收不到地面信号时,列车就会自动紧急制动,以确保安全。

(3)列车在 ATP 模式下的运行:

①在 ATP 模式下运行时,正线信号都会使用,同时要确认信号的显示。

②列车在进入弯道或坡道运行时,司机要严守速度。

③司机如发现走行轨上有异物,会影响行车安全时,要立即实施紧急制动。

④司机要随时注意操纵台上各仪表的显示情况。

⑤司机在驾驶室要严格控制好车速,使列车速度始终低于目标速度运行。

2. 正线驾驶的基本要求

(1)集中精力确认车辆状态,正确执行行车调度命令,要确认正确驾驶模式。

(2)列车进入弯道及道岔地区,应不间断瞭望线路及信号,严格按照区段限速行车,发现影响行车安全的情况要及时采取停车措施。

(3)列车行驶中要随时监控广播和各仪表,随时注意线路情况和车辆情况。

(4)列车起动及制动时要逐渐加大牵引力和制动力,尽量避免突然使用较大的牵引力和制动力。

(5)在不良天气时,要注意地面站、段、场的线路情况。在大雾或大雪时,在操作中应该提前制动,按照制动力缓和的原则进行操作,在牵引中注意车辆滑行对列车的影响,注意线路情况。

注意:司机在非紧急情况下,尤其是低速行驶时,必须严禁使用紧急停车。

二、列车进、出侧线程序

1. 列车进入侧线的程序

首先值乘司机在站台上要确保所有乘客离开车厢,然后驾驶列车进入侧线。列车进入侧线后,司机要确认警告灯,在距停车标前 20m 处时停车,以 <5km/h 的速度运行接近停车标,按规定位置停车。停车后,值乘司机通知值班站长开启隧道照明,然后切断所有负载,并将切除蓄电池电压,并确保列车所有灯光关闭。司机离开驾驶室时要锁闭好驾驶室,并与行车调度取得授权,然后从箱内取出钥匙将信号锁闭装置开关扳动到锁闭位,最后司机按指定路线返回站台。

注意:列车司机返回站台时,一定要注意自身安全,必须在等待有一列车通过后再返回站台。

2. 列车驶出侧线的程序

首先司机在站台上要通知行车调度员或值班站长,需要进入侧线,要求开启隧道照明,同时司机要注意三轨带电状态。司机在站台使用信号锁闭装置钥匙将信号锁闭装置开关扳动到锁闭位,按指定路线进入侧线。

列车司机进入侧线后使用信号锁闭装置钥匙将信号锁闭装置开关扳动至正常位,列车发动试验良好后,通知行车调度员或值班站长,车辆要返回正线,列车司机确认信号机开通,然后列车司机驾驶列车进入站台。

三、列车站台作业程序

1. 列车驶入站台时的作业程序

首先列车接近站台时,司机要注意前方车站内的线路状况、站台上乘客及安全门的情况、进站过程中列车的车辆状况;并将列车停在停车点的规定范围内。当发现任何异常和站台或轨道上的障碍时,司机要立即采取紧急制动措施。

2. 列车站台载客作业程序

首先,司机要确保列车在停车点范围内停车,按下站台相应侧的开门按钮,等待站台侧的车门开启后,司机走出驾驶室进行监护工作,观察乘客上、下车的情况;确认所有乘客都已上车后,按程序进行关门作业。

3. 终点站作业程序

首先,司机要确保列车在停车点范围内停车,待站台侧的车门开启后,司机走出驾驶室进行监护工作,确认全部乘客下车。接着司机广播关门通知,进行关门作业,完成终点站清客作业。

四、列车出现事故后的救援原则及救援程序

1. 列车需要救援的情况

(1) 全列车制动不缓解。

(2) 牵引电动机无电流。

(3) 列车脱钩。

(4) 列车车轮被抱死。

(5) 列车失去控制功能。

(6) 在转换轨前,发现司机操纵台上驾驶模式选择开关 ATO、ATPM 模式被卡死。

(7) 两台空压机都不工作。

以上事故发生后,司机应及时向行车调度汇报救援的原因、时间、地点和是否影响临线,与行车调度确认来车方向,最后司机接受行车调度命令。

2. 救援的原则

(1) 当请求救援发出后,司机不能擅自行车。

(2) 被救援列车尽量停于车站内,如被迫停于区间,应选择平直线路,尽量避免在弯道停车。

(3) 清客作业应在站台完成。

(4) 按规定采取相应的防护措施。

3. 救援的过程

(1) 救援列车司机的操作。

救援列车必须在就近站台进行清客作业,司机要做好广播宣传及通知工作。然后,司机建立无线通信,向行车调度员请求与被救援列车建立通信联系。完成清客作业后,如需正向牵引,司机需前往另一端驾驶室,得到行车调度员的授权后,使用 RM、NRM 驾驶模式驾驶列车前往现场。如需推进运行,在完成清客作业后,司机使用 ATPM 驾驶模式运行,在接近被

救援列车时停车,得到行车调度员的授权后,使用 RM、NRM 驾驶模式进行联挂作业。

以上过程中,司机需注意以下几点:

①要凭封锁区间的调度命令才能进入区间;

②救援列车司机要使用车载电台与被救援列车进行通信联系;

③列车行进中,司机要时刻注意观察被救援列车显示的防护信号;

④距被救援列车 20m 处停车确认被救援列车的位置,行至 5m 处停车确认两列车的车钩状态及位置,行至 0.5m 处停车再次确认;

⑤根据被救援列车司机的指引,进行联挂作业。

救援列车司机在得到被救援列车司机给出的联挂信号后,进行列车联挂作业。其具体内容如下:

①确认列车联挂后要进行制动试验;

②联挂后,要进行反向试拉,确认车钩已联挂上;

③视具体情况,接通两列车的风源系统。

列车联挂后,救援列车司机在得到行车调度员的授权后,使用规定的驾驶模式,以规定速度将故障列车驶离正线。运行中,救援列车要时刻与故障列车保持联系(每 5s 一次);如联系中断或影响行车安全时,应采取紧急停车措施,在未判明情况前,救援列车司机不得贸然行车。另外,救援列车司机要严格按规定速度运行。

知识链接

如果在弯道进行联挂作业,救援列车司机要注意以下几项:接近故障列车时,适当降低运行速度,并不间断瞭望;联挂作业时,适当调整车钩位置,以便准确联挂;联挂时,注意速度,随时注意停车。

(2)被救援列车司机的操作。

如列车停在车站,首先清客;如停在区间,待救援列车联挂后,行驶到下一站进行清客,并做好广播通知工作。被救援列车司机要建立无线通信,向行车调度员请求与救援列车司机建立通信联系。司机将驾驶模式切换至 STBY 模式,钥匙关闭,等待救援列车。救援列车司机在此期间应采取如下防护措施:

①司机下车后应该站在面向来车方向的右侧,因为第三轨一般在左侧。

②打开列车头灯进行防护,如果列车照明不良时,要使用手电。

③当有临线列车通过时,司机必须确保自己处在安全位置。

④联挂时要注意确认及鸣笛工作。

列车联挂后,被救援列车司机在得到行车调度员的授权后,使用规定的驾驶模式,并切断 VOBC 电源。运行中,被救援列车司机要与救援列车保持联系(每 5s 一次);如联系中断或影响行车安全时,应及时通知救援列车采取紧急停车措施。

五、列车在特殊情况下的操作

1. 列车遇雨、雪、冰、霜天气时的操作

运行中遇恶劣天气、自然灾害等特殊情况,司机应及时向行车调度员报告,并采取相应措施。列车起动时,牵引力要逐渐增大,发生轮对空转时,及时将司机控制器置于C位,待起动电流稳定后方可继续操作运行。

运行中要严格控制列车速度,制动时要适当延长制动距离;制动力要尽量小,防止滑行,视其速度,根据情况追加或缓解,确保对标停车。

2. 列车在特殊天气下瞭望距离不足时的操作

列车遇浓雾、狂风、暴雨、大雪、沙尘天气,瞭望困难时,司机应及时将情况报告行车调度员或车站行车值班员;必要时开启前照灯,适时鸣笛,适当降低速度。当看不清信号、道岔时,要停车确认,严禁臆测行车。列车进站要控制速度,进站时,司机要适时降低列车速度,确保对标停车。运行中严禁盲目抢点、臆测行车。

运行中按规定适时鸣示音响信号,开启前照灯、标志灯,加强瞭望,确认信号。遇有显示停车信号时,要果断停车,及时与行车调度员或车站行车值班员取得联系,按其指示行车。

3. 列车遇狂风时的操作

列车在运行中遇有狂风恶劣天气,危及行车安全时:

(1) 司机接到行车调度员或行值班员的通知后,按其指示行车。

(2) 当突遇狂风,司机未接到通知时,应立即采取减速措施,必要时立即停车,并及时将情况报告行车调度员或前方站行车值班员。

4. 需接触轨断电时的操作

线路、接触轨、设备等发生故障影响运行时,应立即采取停车措施,将情况报告行车调度员或车站值班员。如需接触轨停电时,向行车调度员申请断电;确认断电后做好搭铁防护,采取防溜措施。影响邻线行车时要立即向来车方向发出停车信号。

运行中遇接触轨停电时,应将列车尽可能维持到车站或停于平直线路上。停车后要立即与行车调度员或车站行车值班员联系,说明情况,按其指示办理。

遇接触轨停电需判断是否列车故障时,应使用快速分离钩,使受流器与接触轨快速分离。

5. 列车运行中发生火情时的处理

列车发生火情,应及时停车,尽快找到灭火设备,切断其电源,及时向行车调度员或行车值班员报告,并立即使用灭火器灭火。当运行至车站的列车发生火情时,应立即打开车门疏散乘客,同时利用广播通知予以清客。

如列车不能运行至车站时,应立即停车,尽可能停于平直线上,将列车制动好,采取防溜措施。利用广播稳定乘客情绪,将着火车厢的乘客疏导至安全的车厢。同时司机采取一切通信手段与行车调度员联系线路停电;得到停电的通知并确认后,对接触轨做好搭铁保护。遇有紧急情况、危及人身安全时,可采取强行停电措施。

司机应将人员及车辆的具体情况及时报告行车调度员,按其指示办理。如需救援时,按救援的有关规定办理;如需疏散乘客时,按相应的预案进行疏散处理。

列车在运行中发生异味或冒烟时,应尽快查明原因,果断处理。

6. 列车遇水害时的操作

列车在区间遇水害,司机要根据水害程度立即停车,查明情况;如走行轨露出水面、接触轨供电正常时,司机可减速到能随时停车的速度,通过水害区段,并及时将情况报告行车调度员或行车值班员。暴风雨天气或汛期,列车在运行途中突遇水害危及行车安全时,司机应

单元十一 列车操作

立即采取减速措施或停车。如需立即退行时,按有关规定办理,与行车调度员或行车值班员联系,得到准许后以不超过15km/h的速度将列车退至安全地带后,按行车调度员的指示办理。需要防护时,应根据有关规定进行防护。

因水害造成路基塌陷、滑坡等危及行车安全时,应立即停车,将情况报告行车调度员或行车值班员,按其指示办理。

7. 列车在区间发现有人员侵入线路或发生人员伤亡时的处理

列车运行中发现前方有人员侵入线路或发生人员伤亡时,司机应果断停车,立即向行车调度员或行车值班员报告,并按下列规定办理:

(1) 对于伤者,应送到最近前方站交车站处理(通过列车亦须停车)。
(2) 对于死者要将尸体移至车辆限界外,对其进行遮盖。
(3) 车内发生伤亡事故,司机应及时广播,告知乘客。
(4) 列车发生意外伤亡后的运行,须按行车调度员指示办理。

在线路内处理伤亡事故时,要注意人身安全;必要时应请求行车调度员将接触轨停电。须移动列车时,要时刻注意移动时车辆尽可能不要触及伤亡者;如短时不能处理完毕,将列车制动好并采取防溜措施,必要时做好防护工作。

8. 列车在高坡地段的操作

列车在高坡地段运行中要严守速度,当列车接近限速前要适当制动,将速度控制在规定范围之内。

上坡时要提前适时给牵引操纵,如有故障车上坡前要提前加速,达到规定速度时,保持匀速爬坡,以防坡停。

在坡道被迫停车时,应使列车处于制动状态,如车辆故障、接触轨停电等原因,短时间内不能继续运行时,应采取防溜措施。

单元练习

一、选择题(不定项选择)

1. 记录司机轮值车次的表单是(   )。
   A. 轮值表　　　　　　　　　　　B. 安全注意事项
   C. 出车纸　　　　　　　　　　　D. 故障记录单

2. 送电前巡视检查的内容有(   )。
   A. 确认检修沟内无作业人员　　　B. 确认列车处于可服务状态
   C. 确认车下设备状态　　　　　　D. 驾驶室设备的检查

3. 以下属于列车静态调试的内容的有(   )。
   A. 制动试验　　　　　　　　　　B. 牵引试验
   C. 开关门试验　　　　　　　　　D. 广播试验

4. 列车出入库时,应限速(   )km/h。
   A. 5　　　　　　　　　　　　　 B. 10
   C. 15　　　　　　　　　　　　　D. 25

161

5. 列车采用 ATO 模式运行时,司机控制手柄应在(　　)位。
　　A. 牵引　　　　　　　　　　　　　B. 常用制动
　　C. 惰行　　　　　　　　　　　　　D. 紧急制动

二、判断题

1. 当请求救援发出后,司机不能擅自行车。　　　　　　　　　　　　　(　　)
2. 列车如果被迫停于区间,应尽量选择在弯道停车。　　　　　　　　　(　　)
3. 当运行中的列车发生火情时,应立即停车灭火。　　　　　　　　　　(　　)
4. 司机出勤时要抄阅有关行车命令、指示和安全注意事项。　　　　　　(　　)
5. 司机在驾驶列车时应时刻关注线路、道岔及信号的状态。　　　　　　(　　)

三、简答题

1. 简述司机出勤的具体程序。
2. 简述司机交接班的具体内容。
3. 简述列车起车的作业程序。
4. 简述列车静态调试中车门调试的具体内容。
5. 简述列车正线驾驶的基本要求。
6. 简述救援过程中被救援列车司机的具体操作内容。
7. 简述列车发生火情时的具体处理办法。

四、综合实训

1. 实训目标

(1) 能够进行列车正常情况下的驾驶;
(2) 能够进行列车救援的操作;
(3) 能够进行列车特殊情况下的操作。

2. 实训设备

列车模拟驾驶器。

3. 实训内容

(1) 在列车模拟驾驶器上完成以下操作,并总结操作步骤和注意事项(填入下表)。

序号	任务	步骤	注意事项
1	司机出勤		
2	送电前的巡视检查		
3	起动列车		
4	列车静态调试		
5	列车出库、出段		
6	列车正线驾驶		
7	列车入段、入库		
8	关闭列车		
9	司机退勤		

单元十一 列车操作

(2) 在模拟器上进行列车救援的操作,并总结操作步骤和注意事项(填入下表)。

序号	任务	步骤	注意事项
1	后端推进救援		
2	前端牵引救援		

(3) 在模拟器上进行列车特殊情况下的操作,并总结操作步骤和注意事项(填入下表)。

序号	任务	步骤	注意事项
1	遇雨、雪、冰、霜天气时的操作		
2	特殊天气下瞭望距离不足时的操作		
3	遇大风时的操作		
4	需接触轨断电时的操作		
5	列车发生火灾时的处理		
6	列车遇水害时的操作		
7	区间有人时的操作		

单元十二　列车故障处理

城市轨道交通车辆从功能设计到零部件选材、组装、检修，都以确保行车安全为基本出发点，但任何设备都有可能出现故障。列车正线驾驶过程中出现的故障应由司机进行应急处理，以保证地铁线路的正常运营。列车运营中发生故障时，要求司机做到"应急"处理，即在有限的时间内根据实际情况消除故障对列车继续运行的影响。如果暂时没有合适的解决方案则采用暂时维持运行或请求救援的方式解决故障。因此，不论哪种程度的故障，均要求司机对列车的状态和故障现象有清醒的判断，对故障的处理有明确的思路，尽量缩小故障对正线运营秩序的影响。

(1)列车发生牵引系统故障时的各种现象和处理办法；
(2)列车发生制动系统故障时的各种现象和处理办法；
(3)列车驾驶模式选择开关卡死故障的应急处理办法；
(4)列车辅助逆变系统和扩展供电系统故障时的处理办法；
(5)列车各种车门故障的应急处理办法。

(1)能够独立完成牵引系统发生故障的处理；
(2)能够独立完成制动系统发生故障的处理；
(3)能够独立完成驾驶模式选择开关卡死时的处理；
(4)能够完成车门各种故障时的处理和协调。

课题一　牵引系统故障

一、牵引无流

现象：列车无法起动。

处理：

(1)如果牵引封锁的原因是由于驾驶室侧门的安全联锁环路故障所引起的，车门全关闭指示灯不亮,则司机应确认两端驾驶室确实已关闭(观察 HMI 仪表上的显示);然后将驾驶室侧门旁路开关置切除位(CSCOS)。此时车门全关闭指示灯应点亮,列车可以牵引。

(2)如果牵引封锁的原因是由于某一客室侧门不能正常关闭而造成车门安全联锁环路故障所引起的,车门全关闭指示灯不亮,则司机应将该客室侧门进行隔离(隔离后,HMI 上该侧门有相应的显示)。此时车门全关闭指示灯应点亮,此时列车可以牵引。

(3)如果 HMI(人机界面)显示屏的 TCMS 操作界面上显示所有车门均已正常关闭,但门的安全联锁环路仍有故障,此时车门全关闭指示灯不亮,司机则可将门环路旁路开关置切除位,列车牵引至终点站后退出运营服务。

(4)如果客室乘客报警系统正常,但乘客报警环路出现故障而引起牵引封锁,则闭合乘客报警环路旁路开关后,此时列车可以牵引。

(5)如果人工 A 侧门使能开关或 B 侧门使能开关或零速旁路开关处于旁路位而没有复位(HMI 上应有显示),则司机应复位相应的开关进行牵引。

(6)如果司机确认所有转向架的停放制动已缓解,但 TCMS 显示界面上仍显示停放制动而导致列车牵引封锁信息,则将停放制动牵引封锁旁路开关置切除位,此时列车可以牵引。

二、电器原因

现象:列车无法起动。

处理:

(1)司机按照司机操作台上的人机界面(HMI)显示屏的故障提示进行复位操作。

(2)全列车动力单元出现故障并且无法进行复位操作时,司机应及时办理有关列车救援事宜。

课题二 制动系统故障

一、紧急制动不缓解

现象:制动缸压力显示为紧急制动的压力值,同时压力不缓解。

处理:

(1)检查是否只有司机所在的驾驶室的钥匙处于 ON 位(HMI 上应有显示),否则请修正。

(2)检查紧急制动断路器 EBCB 是否跳闸,若是请复位。

(3)检查 MC 司控器是否处于非 EB 位,否则请修正。

(4)观察列车总风缸的压力是否在 600kPa 以上。若是由总风缸压力低于 600kPa 而导致不能缓解的,司机则对空压机进行强制泵风,压力达到规定值时,应能缓解。

(5)检查两端驾驶室的紧急制动按钮是否被按下。若按下则查明原因;若属误操作则恢复。

(6)检查车辆安全继电器信号是否正常(HMI 上应有显示),如果不正常,就应重新建立车辆安全回路。

(7)若总风缸压力保护正常(压力表有显示),警惕按钮保护正常(制动缸压力表显示>

250kPa),列车完整性正常信号异常(HMI 上有显示),紧急疏散门限位开关正常信号异常(HMI 上有显示),则打 EBYSW 旁路开关。

注意:旁路后,列车完整性保护将失效,总风缸压力保护失效,紧急疏散门限位功能失效,因此需注意观察对应指示并且严禁超速。

(8)若不是上述原因,则列车可能存在接地故障,司机应闭合接地继电器 GDR 旁路开关 EBGSW。

二、列车停放制动不缓解

现象:人机界面(HMI)显示屏上显示停放制动未缓解图标。

处理:检查停放制动断路器(PBCB)有无跳闸,若跳闸,则恢复;若无跳闸,司机则可再按压一次缓解停放制动按钮。若能恢复正常,则继续运营;若不能恢复,则观察显示屏上确认具体的单元车不能缓解,复位对应单元车的制动单元电源(BPCB)断路器,重新施加缓解停车制动,若能恢复,则继续运营;若不能,申请结束运营服务且请求停电,确认三轨无电后,下车关闭停放制动控制单元内的塞门,手动缓解停放制动缸,到下一站清客退出运营服务。

三、列车保持制动不缓解

现象:列车起动后,保持制动不缓解。

处理:使用司机操纵台上的保持制动切除按钮实施强制缓解,维持列车运行回段。停车制动后期适当加大常用制动力保持,以防止溜车。

四、列车常用制动不缓解

现象:单车或全列车常用制动不缓解。

处理:

(1)利用列车的保持制动切除按钮进行判断。

(2)利用强迫缓解按钮对全列车进行缓解。

(3)利用车辆的 B04 缓解塞门可以对单节车进行制动的缓解。B04 缓解塞门一般设在每节车厢内第一个座位下边,可以对单节车辆的制动缸进行强制缓解。

课题三　驾驶模式选择开关卡死故障

1. 模式卡在 ATO 模式下

司机通知行车调度员,然后使用 ATO 模式运行至终点站,退出运营服务。在终点站运行至转换轨前,需救援运行至车辆基地。

2. 模式卡在 ATPM 模式下

司机通知行车调度员,然后使用 ATPM 模式运行至终点站,退出运营服务。在终点站运行至转换轨前,需救援运行至车辆基地。

3. 模式卡在 STBY 模式下

司机通知行车调度员,请求车站人员跟车瞭望信号,并立即清客退出运营服务。换另一端驾驶室激活操作,使用 NRM 模式限速推进运行至车辆基地。

4. 模式卡在 RM 模式下

司机通知行车调度员,在得到授权后,限速 25km/h 运行至最近的停车线。在车场运行时,应选择 25km/h 的限速模式运行。

5. 模式卡在 NRM 模式下

司机通知行车调度员,在得到授权后,限速 40km/h 运行至车辆基地。在车场运行时,应选择 25km/h 的限速模式运行。

课题四　列车辅助供电系统、车轮故障

一、列车辅助供电系统故障

现象:司机操作台上的人机界面 HMI 显示屏显示单个辅助逆变器 ACM 不工作,或两个 ACM 都不工作。

处理:

1. 单个 ACM 不工作

检查电器柜内的保险 ACMCB,若发现已断开,则闭合 HSCB 按钮重启辅助供电系统;如果仍然不能工作,则维持运行,同时向行车调度员汇报,听从其指令。

2. 两个 ACM 不工作

若发现 ACMCB 已断开,则闭合 HSCB 和按钮重启辅助供电系统;若不能工作,则根据风压情况联系行车调度员,申请进入侧线或采取救援措施。

二、拓展供电系统故障

现象:HMI 显示屏显示单个 ACM 不工作。

处理:检查 ACMCB 保险是否跳开,若断开,则闭合 HSCB 按钮重启辅助供电系统;若仍然不能工作,则向行车调度员汇报,申请回段退出运营服务。

三、车轮故障

现象:列车起动速度较慢,车体下有冒烟现象,并伴有异味,列车有明显的冲撞感,HMI 显示屏上显示该节车牵引电流较大。

处理:首先司机应向行车调度员汇报情况,申请站台清客,等待行车调度员的指令。回段时,正线运行的速度要低于 15km/h,通过道岔区域时,速度要降到 5km/h 以下,以确保安全。

课题五　车　门　故　障

车门故障相关教学资源见二维码 6、7。具体有以下几种情况:

1. 一对车门无法打开

处理:司机可重按一次开门按钮,若还不能打开,则通知行车调度员,并由站务人员处理。站务人员可使用车门故障隔离装置隔离该车门,之后可以继

二维码 6

二维码 7

续运营。

说明：

(1)隔离车门后，需确认车门完全关好才能行车。

(2)隔离车门后，需确认 HMI 显示屏上对应的车门显示状态是否正确。

2. 多对车门无法打开

处理：一节车的同一侧有三个或多于三个车门无法打开时，可由站务人员隔离所有的故障车门，并请求到达前方终点站退出运营服务。

说明：

(1)隔离车门后，需确认车门关好才能行车。

(2)隔离车门后，需确认 HMI 显示屏上对应的车门显示状态是否正确。

3. 整列车门无法打开

处理：司机首先要通过列车操作显示屏检查门使能信号，若无信号显示，则使用相应的门使能开关进行开门。若门使能旁路后，仍然不能开门，则使用零速选择开关，进行开门操作。若车门仍然不能开启，则检查保险 TDCB 有无跳开，如果跳开，就应复位；如不能复位，就应通知行车调度员，进行后端开门，开门后清客退出运营服务。

说明：

(1)若使用门使能旁路开关和零速选择开关，则司机在运行前应复位开关，否则列车无牵引。

(2)司机使用门使能旁路开关时，要确认站台的具体方向。

4. 一对车门无法关闭

处理：司机首先要通知行车调度员，并由站务人员处理，进行手动关门。如果手动无法关闭，通知行车调度员，进行清客退出运营服务。

说明：

(1)车门无法关闭时，列车运行前司机要将门旁路开关选择在旁路位置行车。

(2)运行中，故障车门附近应有站务人员进行监护。

5. 多对车门无法关闭

处理：司机通知行车调度员，并由站务人员处理，进行清客退出运营服务。

说明：

(1)车门无法关闭时，列车运行前司机要将门旁路开关选择在旁路位置行车。

(2)运行中，故障车门附近应有站务人员进行监护。

6. 整列车门无法关闭

处理：

(1)首先检查保险 TDCB 有无跳开，若跳开，则复位。

(2)若不能复位，则通知行车调度员，使用后端关门按钮关门，清客退出运营服务。

说明：

(1)如使用门使能旁路开关及零速选择开关，运行前就应注意复位。

(2)列车运行中要时刻注意 HMI 显示屏的车门显示状态。

7. 车门夹乘客或物件

处理：

(1) 观察 HMI 及 CCTV(驾驶室闭路电视)的显示。

(2) 司机可重新开门。

(3) 检查保险 TDCB 有无跳开；若跳开，则复位，重新开门。

说明：

(1) 注意门指示灯的显示。

(2) 关门时注意观察 CCTV 的显示。

8. 一对或多对安全门不能打开或关闭

处理：

(1) 通知行车调度员，由站务人员处理。

(2) 进行人工广播，通知乘客换到其他车门下车。

说明：

(1) 注意观察 CCTV 显示的站台情况。

(2) 确认车门全部关闭后，将站台安全门进行旁路。

9. 整个站台安全门无法打开

处理：

(1) 通知行车调度员，由车站站务人员处理。

(2) 进行人工广播，告知乘客原因。

说明：司机注意在安全门打开之前不能开门。

10. 整个站台安全门无法关闭

处理：

(1) 通知行车调度员，由车站站务人员处理。

(2) 司机确认客室车门关闭状态(门全关闭灯及 HMI 显示)。

说明：

(1) 通过 CCTV 显示观察站台情况。

(2) 确认客室车门全部关闭，旁路站台安全门开关。

单 元 练 习

一、选择题(不定项选择)

1. 以下可能引起牵引无流故障的是( )。
  A. 驾驶室侧门未关闭   B. 客室车门未关闭
  C. 单个辅助逆变器不工作   D. 门安全联锁环路故障

2. 制动系统故障包含( )。
  A. 紧急制动不缓解   B. 停放制动不缓解
  C. 保持制动不缓解   D. 常用制动不缓解

3. 以下车门故障需要立即清客的是( )。
　　A. 一对车门无法打开　　　　　　　　B. 一对车门无法关闭
　　C. 整侧车门无法打开　　　　　　　　D. 整侧车门无法关闭
4. 以下可能引起紧急制动不缓解的是( )。
　　A. 紧急制动断路器跳闸　　　　　　　B. 总风缸压力过低
　　C. 紧急制动按钮被按下　　　　　　　D. 两端驾驶室钥匙处于 ON 位
5. 以下故障需要站务员进行处理的是( )。
　　A. 一对车门无法关闭　　　　　　　　B. 常用制动不缓解
　　C. 一对安全门无法打开　　　　　　　D. 车轮故障

二、判断题

1. 按压保持制动切除按钮可切除列车的保持制动。　　　　　　　　　　( )
2. 一对车门无法打开时,可隔离此车门继续运行。　　　　　　　　　　( )
3. 车门夹乘客或物件时,可重新开关门。　　　　　　　　　　　　　　( )
4. 当有一个车门无法关闭时,为不影响运营,可开门走车。　　　　　　( )
5. 司机操作台上的人机界面可显示故障的信息。　　　　　　　　　　　( )

三、简答题

1. 简述列车发生牵引无流时的具体处理办法。
2. 简述列车发生停放制动不缓解时的具体处理办法。
3. 简述整列车门无法打开时的应急处理办法。
4. 简述单个 ACM 不工作时的处理办法。

四、综合实训

1. 实训目标
(1) 能够进行列车牵引无流的故障处理;
(2) 能够进行列车紧急制动不缓解的故障处理;
(3) 能够进行列车常用制动不缓解的故障处理;
(4) 能够对单个客室车门进行隔离操作。
2. 实训设备
列车模拟驾驶器、客室车门实训装置。
3. 实训内容
(1) 在列车模拟驾驶器上,进行列车牵引无流的故障处理(其处理步骤填入下表),并绘制故障处理流程图。

序　号	处 理 步 骤	流　程　图
1		
2		
3		
4		
5		

续上表

序　号	处　理　步　骤	流　程　图
6		
7		
8		

(2) 在列车模拟驾驶器上,进行列车紧急制动不缓解的故障处理(其处理步骤填入下表),并绘制故障处理流程图。

序　号	处　理　步　骤	流　程　图
1		
2		
3		
4		
5		
6		
7		
8		

(3) 在列车模拟驾驶器上,进行列车常用制动不缓解的故障处理(其步骤填入下表),并绘制故障处理流程图。

序　号	处　理　步　骤	流　程　图
1		
2		
3		
4		
5		
6		
7		
8		

(4) 对单个客室车门进行隔离操作(其处理步骤填入下表)。

序　号	处　理　步　骤
1	
2	
3	
4	
5	
6	
7	
8	

参 考 文 献

[1] 曾青中,韩增盛.城市轨道交通车辆[M].成都:西南交通大学出版社,2006.
[2] 林瑜筠.城市轨道交通运输设备[M].北京:中国铁道出版社,2008.
[3] 张振淼.城市轨道交通车辆[M].北京:中国铁道出版社,1998.
[4] 费安萍.城市轨道交通运输设备的运用[M].北京:中国铁道出版社,2008.